Jochen Jülicher
Ich lerne wieder neu zu leben

Jochen Jülicher

Ich
lerne wieder
neu zu leben

Begleitung in
der Krise

echter

Die Deutsche Bibliothek – CIP-Einheitsaufnahme

Jülicher, Jochen:
Ich lerne wieder neu zu leben: Begleitung in der Krise /
Jochen Jülicher. – Würzburg: Echter, 2000
    ISBN 3-429-02248-7

© 2000 Echter Verlag Würzburg
Umschlag: Uwe Jonath (Foto: Gettyone Stone)
Gesamtherstellung Clausen & Bosse GmbH, Leck
ISBN 3-429-02248-7

Inhalt

Einführung

Verluste jeder Art sind die
Hauptauslöser für Krisen
(Verena Kast)

Plötzlich ist sie da, die Krise. Mitten im Leben. Vielleicht erst gar nicht richtig bemerkt, erst recht nicht gerne wahrgenommen. Aber jetzt ist es so, und es tut gut, sich dies einzugestehen. Man glaubt gar nicht, daß einen so etwas treffen kann. Aus irgendeinem Grund scheint man immun dafür zu sein – bis man drinsteckt. Unvermittelte oder lang angekündigte Abschiede, Umbruchsituationen, krisenhafte Veränderungen und Einbrüche aber sind Teil des Lebens. Sie sind völlig normal. Unnormal ist es eher, wenn jemand derartige Dinge nicht kennt – vielleicht hat er noch nicht diese Erfahrung machen müssen oder ... machen dürfen. Immer wieder, im kleinen wie im großen, muß man sich aus Situationen, aus der gewohnten Umgebung oder von liebgewordenen Menschen verabschieden, loslassen, sich neu orientieren. Oft gehen dem einschneidende Ereignisse voraus, manche Krise aber kommt nahezu unbemerkt, schleichend.

Dieses Buch richtet sich an Menschen, die aus unterschiedlichen Gründen und auf unterschiedlichen Wegen in eine Lebenskrise geraten sind, sei es durch den Übergang in eine andere Lebensphase, sei es durch die Trennung vom Partner, durch den Umzug in eine fremde Umgebung, durch die Loslösung vom Elternhaus oder durch den Verlust des Arbeitsplatzes und all dessen, was damit zusammenhängt (und das ist nicht wenig). Hand in Hand mit solchen Krisen erfolgt fast immer der Zusammenbruch von Lebensträumen, von dem, was bis dahin Halt und Heimat bedeutete, von Kontakten und Bindungen, von Werten und Ansichten. Den genannten Situationen ist gemeinsam, daß sie den Lebensgang bis dorthin radikal in Frage stellen, das oftmals mühsam aufgebaute Konzept durcheinanderwirbeln und den Betroffenen für kurze oder längere Zeit nahezu völlig auf sich selbst zurückwerfen.

Dieses Buch richtet sich auch an diejenigen, die Menschen in dieser Krisenzeit nahestehen, die mit ihnen leben und die indirekt von dieser Krise betroffen sind. Es soll eine Orientierung bieten im Chaos der Gefühle und Gedanken, im Dunkel des Verlustes und hinleiten zu der anfangs schier unerreichbar scheinenden Phase eines neuen Aufbaus. Es soll auch dazu ermutigen, sich solchen Krisen zu stellen, sie anzugehen und durchzustehen, sie zu »er-leben« und die Chance zu einer inneren und äußeren Erneuerung, die in jeder Krise steckt, zu erkennen und zu nutzen. Denn gerade solch eine Zeit stellt eine außerordentliche Gelegenheit dar, näher zu sich selbst, seinem Lebensziel, seinem einzigartigen Lebensauftrag zu finden – auch wenn man dies anfangs vielleicht gar nicht wahrhaben kann oder will. Krisensituationen sind nicht bleibend, sie sind kennzeichnend für Übergänge, Reifezeiten. Manchmal bilden sie – negativ – auch den Übergang zu chronischen Leiden, dann nämlich, wenn man in ihnen hängenbleibt, nicht durch sie hindurchgeht und eben nicht zu einer neuen Entwicklungsstufe findet. Die Seele und der Körper reagieren dann mit Krankheit, die signalisiert, daß etwas festsitzt, nicht offen durchlebt ist. Dann bedarf es therapeutischer Hilfe. Aber eine Krise an sich ist keine Krankheit, sondern ein ganz natürlicher Übergangsprozeß. Das gilt auch dann, wenn sie plötzlich kommt und förmlich wie ein Blitz aus heiterem Himmel ins Leben hereinbricht.

Dieses Buch kann Sie begleiten, es geht mit Ihnen mit, beschreibt die Gefühle in einer Umbruchsituation; es gibt ein wenig Halt und vermittelt Orientierung, wenn mitten im Leben plötzlich alles im wörtlichen Sinne »ver-rückt« ist, d. h. nichts mehr an seinem Platz steht; und es macht Ihnen Mut, sich dem zu öffnen, was Sie tatsächlich fühlen, auch wenn es gegen Konventionen und verinnerlichte Tabus verstößt.

8

Ziel dieses Buches ist es nicht, die Krise einfach aus dem Leben verschwinden zu lassen – das wäre illusorisch. Ziel ist vielmehr, daß das, was aufgestaut ist, fließen kann, daß man selbst wieder in Bewegung kommt, auch wenn es anfangs oft den Anschein hat, daß gerade dann der Schmerz eher noch zunimmt. Das ist aber nur zu Beginn so – es ist wie der Schmerz, der entsteht, wenn man eine Wunde zum ersten Mal behandelt. Auf den Schmerz eingehen ist nicht angenehm, aber auf Dauer lindernd und heilend. Das Buch ist ein Wegweiser zum Selbergehen, es sorgt sich um die Seele des von einer Lebenskrise Betroffenen, es ordnet ein, gibt Hinweise, zeigt Wege auf und kümmert sich um das, was sonst »auf der Strecke bleibt«.

Im Ablauf einer Krise haben Psychologen sehr zutreffend verschiedene Phasen erkannt, durch die nahezu alle Menschen hindurchgehen. Das Wort »Phasen« suggeriert dabei eine stufenförmige Entwicklung, was in der Tat auch nicht abwegig ist; aber es ist nicht so, daß man von einer Phase in die nächste übergeht, sie gleichsam nacheinander abarbeitet und hinter sich bringt. Der Krisenprozeß verläuft eher spiralförmig: Man begegnet immer wieder den gleichen oder ähnlichen Dingen und hat sehr oft den Eindruck, auf der Stelle zu treten, aber in all den als »Rückfall« erlebten Momenten zeigt sich im nachhinein doch ein Fortschritt, der davon zeugt, daß die Krise nach und nach durchlebt und durchschritten wird. So geht es auch in diesem Buch: Immer wieder begegnet man gleichen oder ähnlichen Themen und dennoch ist darin eine Weiterentwicklung, ein Fortschritt spürbar.

Die schleichend oder abrupt ausgelöste Krise verschwindet nicht einfach, sondern sie wird im Leben »aufgehoben«, und zwar im dreifachen Sinne, daß sie (1) bewahrt wird als neuer Bestandteil des Lebens und darin (2) auf ein höheres Niveau gebracht, d. h. gleichsam vom Boden aufgehoben und auf einer anderen Ebene positiv integriert wird und daß sie (3) nicht mehr blockierend im Wege steht, so wie eine Straßensperre, die nach der Beendigung der Bauarbeiten »aufgehoben« wird. Dieses alte dialektische Prinzip der Aufhebung wird in einer Lebenskrise in kleinen Schritten Wirklichkeit, Tag für Tag, Stunde um Stunde.

Ich möchte im folgenden nicht dem phasenhaften Verlauf dieser Entwicklung nachgehen. Ich möchte mich lieber auf zwei grob zu unterscheidende Teile beschränken, wissend, daß die Übergänge auch darin fließend sind und daß man sich oft scheinbar wieder auf den Anfang zurückgeworfen findet, während man gerade dachte, nahe am Ziel zu sein. Aus meiner Erfahrung als Begleiter möchte ich zunächst die Zeit ins Auge fassen, in der *das Erleben des Abbruchs, des Verlustes, des Umbruchs* im Vordergrund steht. Dem sind die ersten vier Kapitel gewidmet. Das 5. Kapitel thematisiert mit dem Stichwort »Leere« die Zwischenzeit zwischen dem, was war und verloren ist, und dem, was sich nach und nach für die Zukunft abzuzeichnen beginnt. Im zweiten Teil (Kapitel 6–9) richte ich mein Augenmerk auf die Zeit, in der der Akzent auf dem *Neuaufbau* liegt. Natürlich ist im Erleben des Umbruchs bereits der spätere Neuaufbau grundgelegt, ebenso wie sich im Neuaufbau das Erleben der vorhergehenden Phase widerspiegelt; dennoch kann man diese beiden Aspekte schwerpunktmäßig sehr wohl unterscheiden. Die Praxis der Krisenbegleitung zeigt immer wieder, daß es nicht gut ist, in der Zeit des starken Verlusterlebens zu schnell nach einem Neuaufbau zu suchen, darin Schritte zu überschlagen und sich – so verständlich es auch ist – einen »Ersatz« zu schaffen. Die Zeit des Abbruchs muß durchgestanden werden, denn erst durch den Abschied vom Vergangenen, durch das *Loslassen* wird neuer Raum frei für einen schrittweisen Aufbau. Dieses Loslassen gehört dazu, sogar das Loslassen des Verlustes und der Verlustsituation selber, so daß man nicht im bestehenden Mangel steckenbleibt, sich an den Schmerz über den erlittenen Verlust klammernd, weil dies, so merkwürdig es klingen mag, irgendwie immer noch erträglicher erscheint als die Konfrontation mit der schier endlosen Leere, die man im Loslassen zu spüren befürchtet.

10

Dies mag schwierig oder gar bedrohlich klingen, weil es in sehr wenigen Worten einen sich ganz langsam entwickelnden Prozeß zusammenfaßt. In der Realität aber ist der Übergang vom einen ins andere, von der Erfahrung des Umbruchs hin zum Aufbau, ein ganz natürlicher Prozeß. Der Mensch hat ein Gespür dafür, was für ihn in jedem Moment »dran« ist und was nicht. Es ist nur oft so, daß man diese Fähigkeit, Krisen zu durchleben, wieder neu entdecken und erwecken muß. Aber im Laufe der Zeit wird das Gespür dafür wach, und man kann sich immer mehr darauf verlassen. Dabei kann es durchaus vorkommen, daß man in »guten« Zeiten, in denen man sich innerlich gestärkt fühlt und mit großen Schritten voranschreitet, schon recht früh in die Phase des Neuaufbaus eintritt und sich dort quasi schon mal ein wenig umschaut – dann aber plötzlich wieder »zurückfällt« in eine Phase, in der Kummer und Pessimismus derart überhand nehmen, daß man sich nahezu völlig unbeweglich fühlt. Das ist normal, so wie bei einem Kleinkind, das gerade laufen lernt und das immer wieder hinfällt und wieder aufsteht. Es ist nicht »besser«, diesen Prozeß schnell zu durchlaufen, die Krise zu »bewältigen«. Wenn es überhaupt einer Wertung bedarf, dann mag sie darin bestehen, daß es gut ist, in diesem Prozeß so echt und so wahrhaftig wie möglich zu sein; daß man bereit ist, sich mit dem, was auf einen zukommt, auseinanderzusetzen und darin zu lernen. Mehr nicht.

Die Verarbeitung eines (wie auch immer gearteten) Verlustes und das Voranschreiten in der Krise ist eine gewaltige innere, manchmal auch äußere Anspannung. Man spricht in diesem Zusammenhang treffend von Krisen- oder Trauer*arbeit*, obwohl dieses Wort insofern mißverständlich ist, als daß man nicht einfach hingehen kann und sich hemdsärmelig »an die Arbeit« machen kann. Es handelt sich dabei um Arbeit, die die Seele verrichten muß, die man unterstützen und stimulieren, umgekehrt aber auch blockieren kann, die sich aber nicht mit dem Willen und dem Verstand steuern läßt. Diese Art von Arbeit wird durch wachsende Aufmerksamkeit, durch inneres Horchen und Nachforschen, durch Erkennen und Aussprechen von Gefühlen, durch tastendes Suchen »geleistet«. Vieles davon ist kein »Tun«, sondern eher ein »Lassen«, ein »An-sich-geschehen-Lassen«, wobei es darum geht, Veränderungen wahrzunehmen, Gefühle zu identifizieren, Angst durchzustehen, innere und äußere Prozesse der Verarbeitung zu unterstützen, sich in einer veränderten Welt zurechtzufinden und die eigene Identität neu zu entdecken. Auch das ist Arbeit, z. T. sogar sehr schwere Arbeit. Für viele Menschen ist es leichter, aktiv etwas zu tun und in Gang zu bringen als, wie hierbei gefordert, etwas wirklich zuzulassen, etwas an sich geschehen zu lassen.

Ich möchte Ihnen bei dieser Arbeit, bei Ihrer Krisenarbeit, zur Seite stehen, Ihnen, wenn möglich, die Angst davor ein wenig nehmen und Sie langsam zu neuen, eigenen Entscheidungen geleiten. Eine Krise nimmt einem Menschen augenscheinlich zunächst einmal die Regie über das eigene Leben aus der Hand, wobei es übrigens sehr wertvoll ist, daß es eine Illusion ist, ganz und gar Regisseur des eigenen Lebens zu sein. Ich möchte Sie anleiten, sich damit zu versöhnen und daran zu wachsen, daß Sie etwas zulassen und aufnehmen müssen, was Sie selbst nicht bedacht und vorhergesehen haben. Sie dürfen sicher sein, daß Sie sich am Ende wieder »fangen« werden, aber bereichert um die Erfahrung und das Bewußtsein, daß man nicht alles in der Hand halten kann – und in der Hand zu halten braucht. Nichts Wesentliches geht verloren, aber es ist jetzt die Zeit, in der Teile Ihrer Identität auf dem Prüfstand stehen und wieder neu »geboren« werden müssen. Sie werden am Ende reicher aus dieser Zeit hervorgehen, auch wenn Sie sich dies jetzt vielleicht noch gar nicht vorstellen können: »Es wird alles wieder gut, aber nie mehr wie vorher«.[1] Darin besteht eine der großen Chancen der Krise, daß die Hingabe an das Leben selbst und an seinen tiefsten Sinn, die Liebe – viele nennen hier den Namen Gottes –, wächst. Es besteht die Chance, daß die innere Angst vor Veränderung aufgedeckt wird und nach und nach wegschmilzt; daß man in diesem Prozeß der Krise mehr Mensch wird, näher zu sich selbst und seinem Lebensziel oder Lebenssinn kommt. Darum ist es wichtig, sich diese Zeit der Reifung nicht nehmen zu lassen, weder von anderen, die irgendwann – oft sehr schnell – finden, daß »es jetzt doch mal vorbei sein muß«, noch von sich selbst, indem man verdrängt, wegsteckt, ignoriert oder sich der inneren Arbeit verweigert. Krisenarbeit erfordert Zeit und Aufmerksamkeit, und es ist von ganz entscheidender Bedeutung, daß man diese Zeit bewußt erlebt. Das heißt nicht, daß man derweil völlig funktionsunfähig ist, aber *in* allem, was man normalerweise macht, in der Arbeit, in den alltäglichen Gewohnheiten, in Kontakten, in der Freizeitgestaltung usw. ist etwas verwoben, was erst nach und nach in kleinen Schritten seinen Platz findet. Man braucht Zeit, um mit sich selber klarzukommen, dem eigenen Inneren zuzuhören und nachzugehen – man tut gut daran, sich diese Zeit zu nehmen, es gibt im Grunde nichts, was jetzt wichtiger wäre! Das heißt, wie gesagt, nicht, daß man sich völlig zurückziehen muß, nicht mehr arbeiten kann u. ä., es bedeutet wohl, daß man seine Aufmerksamkeit nach innen verlagert, neue und für viele um einen herum vielleicht ungewöhnliche Wege geht. Das hat mit Egoismus oder Selbstmitleid nichts zu tun: Die Seele (und auch der Körper) bedarf in der Zeit der Krise und der Umwandlung erhöhter Aufmerksamkeit. Es ist nicht dasselbe, ob jemand wegen einer gewaltigen Erschütterung in seinem Leben nicht mehr weiter weiß und diese Situation beklagt oder ob er untätig in der Ecke sitzt und jammert. In der (innerlich aktiven) Klage setzt man sich mit der Krise, dem Schmerz der Umwandlung auseinander, auch wenn die Klage die eigene Ohnmacht zum Ausdruck bringt – die Klage ist die Sprache der Trauer! Im (innerlich passiven) Jammern hingegen verweigert man sich gerade dieser Auseinandersetzung, man »hängt durch«. Natürlich wird jeder Mensch auch Momente haben, in denen er jammert und sich der Auseinandersetzung verweigert, aber man kann daraus wieder aufstehen und Schritt für Schritt weiterziehen. Wenn man im Ersten (»Alten«) Testament z. B. die Klagen von Hiob oder Jeremia liest, so spricht daraus kein Gejammer, keine Wehleidigkeit, sondern Engagement, Verzweiflung, Wut. Ihre Klage ist in vielen Passagen eine »An-Klage« gegen Gott, gegen das Leben selbst, und sie ist Teil ihrer Auseinandersetzung mit sich und ihrem Gott.

Die einzelnen Kapitel dieses Buches sind so etwas wie Stationen auf dem Weg durch die Krise, jedoch nicht in dem Sinne, daß man sie einfach nur durchzugehen braucht und dann am Ende genauen Aufschluß darüber hat, was man gerade mitmacht, was einem womöglich noch alles bevorsteht oder was man so schnell wie möglich abarbeiten und hinter sich bringen kann. Ich kann keinem die eigene Krisenarbeit abnehmen, das kann kein Mensch auf dieser Welt, aber ich kann Sie, den Leser/die Leserin, mit diesem Buch begleiten, vielleicht vor manchem behüten, manchmal in den Übungen vielleicht sogar in ein paar Bereiche lenken, die für Sie Neuland sind und in denen Sie für sich ganz neue Wege entdecken – aber gehen müssen Sie diese Wege selber; und auch neue Dinge, die Sie dabei entdecken, sind jetzt schon in Ihnen da und warten darauf, »ent-deckt«, aufgedeckt zu werden. Dieses Buch lebt davon, daß Sie das, was Sie lesen, zulassen und aufnehmen; daß Sie sich also nicht nur mitnehmen lassen, sondern selbst gehen und dabei innerlich mitnehmen, mittragen, was Sie lesen.

Die einzelnen Stationen sind dann eine Art Haltestellen oder Reflexionspunkte auf dem Weg durch das eigene Innere, das in der Zeit der Krise einem großen Chaos, einem Tohuwabohu – das hebräische Wort, mit dem die Erde vor der Schöpfung als »wüst und leer« beschrieben wird – gleichen kann oder einer Wüste, die öde ist und in der nur Leere herrscht und nichts mehr wächst.

In jedem Kapitel wird zunächst der innere Zustand beschrieben, der an diesem Haltepunkt vorherrscht: die Gefühle, die dabei eine Rolle spielen, Dinge, die man möglicherweise erlebt und erfährt. Hierin finden Sie Worte für das, was sich im

14

Innern abspielt, und Sie finden so vielleicht den Mut, selber weiter zu differenzieren und eigene Worte dafür zu suchen. Dazu gebe ich einige Impulse und Anregungen mit, damit Sie weiter nachdenken und Klarheit gewinnen können. Dann folgt, in den meisten Kapiteln, gleichsam als zweiter Teil der Übungsteil »Zur Unterstützung«, mit dem man selbst weiterarbeiten kann. Diesen Teil können Sie bisweilen auch ruhig überschlagen, denn der Leseteil allein kann Ihnen oft schon ausreichend Orientierung bieten. Im Übungsteil finden Sie einen Text oder eine Übung zum Thema, versehen mit einigen Erläuterungen, Fragen und Anregungen zum Nachdenken, so daß die eigene Erfahrung klarer werden kann und zu Wort kommt. Der Übungsteil kann auch als eigener Teil verwendet werden, z. B. in Gruppensitzungen oder in Begleitgesprächen oder als Leitfaden für den Alltag mit sich allein.

In den einzelnen Kapiteln nehme ich mir (wie jetzt bereits in der Einführung) die Freiheit, Sie als Leser / Leserin manchmal direkt anzusprechen und vom allgemeinen »man« Abstand zu nehmen, denn Begleitung in der Krise erfordert an manchen Stellen selbst in der Form des Buches ein Minimum an Direktheit und Vertrautheit.

Wenn Sie mir über Ihre Erfahrungen berichten wollen oder vielleicht Fragen haben, schreiben Sie mir ruhig, am einfachsten über den Echter Verlag, Delpstraße 15, 97084 Würzburg. Von dort wird Ihr Schreiben (selbstverständlich ungeöffnet) weitergeleitet. Falls Sie technisch die Möglichkeit dazu haben, können Sie mir auch mailen: jochen.juelicher@t-online.de

1. Es hat mich getroffen

Manchmal werde ich morgens oder mitten in der Nacht wach, und plötzlich wird mir wie mit einem Hammerschlag bewußt, daß dieses dumpfe Gefühl, einen Alptraum gehabt zu haben, nicht stimmt, sondern daß es noch viel schlimmer ist: Dieser Alptraum ist die Realität!

Meine eigene Welt ist nicht mehr so wie vorher. Meine Umwelt reagiert irgendwie anders, etwas ist los, anders als sonst. Ich weiß es, aber manchmal ist es wie im Traum, und ich denke: Gleich werde ich wach, und dann ist alles vorbei. Nie hätte ich gedacht, daß *mir* so etwas passieren könnte. Man hört es oft genug von anderen – aber jetzt *ich*??

Gedanken und Gefühle, die auftauchen, oft übermächtig, wenn ein Verlust eintritt, wenn sich im Leben erdrutschartig etwas zu verschieben beginnt, endgültig und unumkehrbar. Tritt dies abrupt ein, dann geht ein gewaltiger Ruck durch das Leben. Bestürzung, das Gefühl, daß sich da irgendwo etwas ereignet hat, das eine Reaktion von mir fordert, das aber gar nicht wirklich zu mir gehört, noch gar nicht in mir drin ist. Es bleibt irgendwie wesenlos, äußerlich, draußen. Ich habe es registriert, daß sich da etwas verändert hat, nicht mehr da ist – aber es sagt mir eigentlich gar nichts. Ich höre es zwar und kann es nacherzählen am Telefon, aber ich verstehe es nicht. Ich bin im falschen Film, die Bahn fährt in die falsche Richtung, ich will aussteigen, aber der Zug ist schon abgefahren, es geht nicht mehr zurück.

Manchmal reicht eine treffende Bemerkung eines anderen, um einen aus dem Gleichgewicht zu bringen und zum Innehalten zu bringen. Dabei ist der *Auslöser* nur selten auch der *Grund* der Krise. Ein »runder« Geburtstag hat nicht selten krisenhafte Nachwirkungen; das gleiche gilt dann, wenn die Kinder aus dem Haus gehen. Etwas anderes ist es, wenn man nach und nach und nahezu unmerklich in eine Krise hinein-

16

rutscht und zu irgendeinem Zeitpunkt innehält und feststellt, daß sich ganz grundsätzlich etwas geändert hat. Das kann scheinbar(!) ohne jeden Anlaß in der Lebensmitte (»midlife«) geschehen, es kann auch ein Aufbrechen bis dato unbemerkter Energien in einer scheinbar harmonischen Partnerschaft sein, es kann auch durch die Versetzung in den angeblich so »wohlverdienten« Ruhestand geschehen. Es gibt auch Paare, die sich nach einigen Jahren des Zusammenlebens dazu entschließen zu heiraten und die sich kurz nach der Hochzeit in einer Krise wiederfinden.

Wenn die Zeit der Bestürzung darüber vorüber ist und der Ärger und die Wut sich für einen Moment legen, dann hält man inne, man fragt sich: Was ist denn jetzt mein Leben? War es das? War das schon alles? Wie soll es denn jetzt weitergehen? Soll es das überhaupt: weitergehen?

In manchen Momenten, oft viel später, wird spürbar, daß das, was jetzt geschehen ist, auch andere Dinge mit sich mitschwemmt, unverarbeitete Dinge von früher, die nicht ganz zur Ruhe gekommen sind, die jetzt aufgewühlt werden, sich stauen und die einem die Kehle zuschnüren.

Egal, es hat *mich* getroffen, jetzt, akut, anders als erwartet. Ich dachte, ich sei dafür gerüstet, aber jetzt ist es doch ganz anders. Womöglich gibt es einiges zu regeln, der Alltag, die Arbeit, die Familie stehen nicht still, »das Leben geht weiter«, wie man so schön sagt. Es geht ohne mich weiter, geht an mir vorüber. Was ich tue, läuft fast schon mechanisch ab, wie von der Rolle; es ist, als ob ich nicht ganz in mir selbst wäre. Manchmal frage ich mich, ob ich denn noch ganz normal bin. Ich müßte doch irgendwie reagieren, etwas unternehmen. Ich tue ja auch etwas, aber das ist äußerlich, innen bin ich wie gelähmt. Ich will allein sein: Laßt mich in Ruhe! Kann mich denn nicht jemand mal einfach in den Arm nehmen, ohne viel zu fragen, ohne all das Gerede und die weisen Ratschläge?!

Es tut gut, wenn Sie dies alles spüren und es in sich aufkommen lassen, ohne direkte Wertung, einfach nur registrierend: Dies und das fühle ich jetzt, so und nicht anders, passend oder nicht. Manche liegen abends stundenlang wach, andere schlafen normal ein, werden aber mitten in der Nacht oder morgens sehr früh wach, und plötzlich steht, wie eingangs beschrieben, die ganze Dramatik und Unausweichlichkeit ihrer Situation lebensgroß vor ihnen. Wenn es so ist, bleiben Sie dann innerlich dabei! Rennen Sie nicht weg, sondern stehen Sie dabei still und schauen sich alles so ruhig wie möglich an, ganz bewußt. Schlafen können Sie später noch, jetzt gilt es zuzulassen, zu betrachten und zu empfinden, was Sie in dieser Intensität möglicherweise noch nie so empfunden haben. Auch wenn es wehtut: Es ist jetzt etwas Wichtiges in Ihrem Leben an der Reihe, es ist »dran«, und das läßt sich nicht ungestraft verdrängen. Tapferkeit in dieser Situation heißt nicht, daß Sie »den Kopf über Wasser halten« müssen, nicht weinen dürfen oder wegsehen müssen und ganz und gar verbissen sich selbst beherrschen sollen, sondern Tapferkeit heißt, sich solchen Momenten so offen wie möglich zu stellen, ihnen nicht aus dem Weg zu gehen, sie nicht zu verharmlosen – sie andererseits aber auch nicht aufzusuchen und aufzubauschen, sondern ganz nüchtern dasein zu lassen und zu erleben.

In Momenten, in denen für Sie die Schmerzgrenze erreicht oder gar überschritten ist, kann es helfen, sich in der Phantasie einmal für kurze Zeit fünf Jahre in die Zukunft zu katapultieren, um dann von diesem fernen Standpunkt aus auf den jetzigen Moment zurückzuschauen: Wie werde ich in fünf Jahren über das denken, was ich jetzt erlebe und fühle?

Eine andere Möglichkeit ist die, daß man sich in eine andere Person hineinversetzt und aus dieser Perspektive sich selbst betrachtet: Was würde ... jetzt sagen, wenn er/sie mich jetzt sähe? Wichtig ist in jedem Fall, daß man ein ganz klein wenig Abstand von sich selbst gewinnt, so daß man alles mit etwas mehr Ruhe betrachten kann und so der Schmerz tragbarer wird. In Krisensituationen gibt es fast immer einen äußeren Anlaß, einen Anstoß gleichsam, für die krisenhafte Entwicklung. Diese Entwicklung hat aber schon viel früher eingesetzt. Durch den äußeren Anlaß kommt etwas in Gang, was sich in der Zeit davor manches Mal ankündigte, aber nie so recht zum Ausbruch gekommen ist. Dort hat sich gleichsam »aufgewickelt«, aufgerollt, aufgestaut, was sich jetzt »entwickelt«. Der Damm ist gebrochen, und es setzt etwas ein, was nicht mehr zurückzuhalten ist.

Manchmal wird man sich fragen – und diese Frage ist sehr berechtigt: Warum gerade ich? Was hat das für einen Sinn? Will Gott mich denn für etwas strafen – aber wofür? Was habe ich denn verbrochen? Es gibt auf diese Frage zunächst einmal keine Antwort. Wer dann gleich predigt, daß solch ein Verlust, solch ein Leiden oder solch eine Krise von Gott komme, der Läuterung diene oder daß es Gott gefalle, Menschen leiden zu lassen, um die Sünden der Welt zu tragen, der geht am tiefen Sinn solcher Erfahrungen vorbei und setzt sich schroff und erbarmungslos über das Gefühl und die ganze Person des Betroffenen hinweg. Psychologisch ist solch ein »Zuspruch«, dem man leider immer wieder in solchen Situationen begegnet, wohl unter die Abwehrmechanismen einzuordnen, da hier ein scheinbar nahestehender Ratgeber sich weigert, sich selbst von dem treffen zu lassen, was den anderen leiden läßt.

Wenn sich einem Menschen in dieser Phase der direkten Betroffenheit Fragen nach dem Sinn aufdrängen, dann ist es vielleicht gut zu wissen, daß man nicht der erste und einzige ist, den so etwas trifft. Besser als nach einer vermeintlichen Schuld für das Geschehene zu suchen ist es jetzt, darauf zu vertrauen, daß keine Situation völlig ohne jeden Ausweg ist und daß es – will man Gott mit ins Spiel bringen – ein Zeichen seiner Liebe ist, daß er immer wieder eine andere Tür öffnet, wenn die eine zugeschlagen ist – auch wenn man diese neu geöffnete Tür noch nicht entdeckt hat, noch keinen Ausweg sieht. Vielleicht kann die Frage nach dem »Warum?« später, in einigen Jahren einmal, annähernd in dem Sinne beantwortet werden, daß man rückschauend sagt: Vielleicht »mußte« es so sein, auf jeden Fall ist aus dem, was dort geschah, dennoch Leben hervorgekommen, es hat sich etwas positiv entwickelt.

Beim Auftauchen von *Schuldgefühlen* sollte man sich erst einmal ganz nüchtern fragen, ob man denn tatsächlich eine Schuld auf sich geladen hat, die eine solche »Strafe« rechtfertigt. Wenn dies nicht der Fall ist, sollte man diese Schuldgefühle fürs erste als falsch bezeichnen und in aller Ruhe beiseite legen. Zu einem späteren Zeitpunkt hat es dann durchaus Sinn, sich eingehend mit Schuld und Schuldgefühlen auseinanderzusetzen[2], aber das ist jetzt noch nicht der Fall, jetzt führen solche Überlegungen leicht in eine Sackgasse und oft genug in tiefe Depression. Es scheint dann so, daß man sich damit noch mehr bestrafen und vernichten will, als ob das Geschehene nicht schon genug wäre – aber wenn man sich selbst beschuldigt und vernichtet, hat man zumindest scheinbar noch ein ganz kleines Stückchen in diesem Prozeß selbst in der Hand, und das erscheint manchmal noch erträglicher, als sich offen der Situation und dem erlittenen Verlust zu stellen und dabei alles aus der Hand geschlagen sein zu lassen.

Zur Unterstützung

Als erstes möchte ich Ihnen eine ganz leichte, aber sehr wichtige und für die weitere Entwicklung überaus hilfreiche Grundübung vorstellen. Danach wird Ihnen ein Text zur Betrachtung angeboten, der die Situation, die in diesem Kapitel skizziert ist, weiter deuten kann. Zum Schluß finden Sie dann ein paar Fragen zur Reflexion und Vertiefung.

Fühlen

Zunächst also die Grundübung, die Sie, wenn Sie möchten, während der ganzen Zeit begleiten wird und die Ihnen trotz ihrer Einfachheit immer wieder neue Impulse geben kann. Sorgen Sie dafür, daß Sie ein- oder zweimal am Tag etwas Zeit nur für sich selbst haben. Gut wären etwa 20 Minuten, aber oft reicht auch schon eine Viertelstunde, zur Not auch nur zehn Minuten irgendwann am Tag. Es ist gut, einen mehr oder weniger festen Zeitpunkt dafür einzurichten, aber auch das ist nicht zwingend notwendig. Sorgen Sie bitte dafür, daß es in Ihrer Umgebung ruhig ist, daß kein Radio tönt und kein Telefonanruf Sie stören kann. Setzen Sie sich ruhig hin und versuchen Sie sich zu entspannen. Es hilft, wenn Sie dabei gerade und aufrecht sitzen, aber wenn Sie lieber im Sessel sitzen, braucht auch das kein Hinderungsgrund zu sein. Leise und entspannende Musik im Hintergrund kann für manchen eine Unterstützung sein, eine Duftlampe kann ebenfalls eine angenehme Atmosphäre schaffen: Achten Sie nur darauf, was *Ihnen* behilflich ist!

Sie brauchen in dieser Zeit weiter nichts zu tun, als sich zu entspannen und für sich dazusein. Das alleine ist auf die Dauer schon eine gewaltige Hilfe. Sie können dabei darauf achten, wie Sie atmen (ganz ruhig, versuchen Sie nicht, Ihren Atem zu beeinflussen) und wie Ihr Herz schlägt und dabei einfach nur zu registrieren: Ich lebe!

Wenn es geht und Sie sich ein wenig entspannt haben, können Sie sich der Frage zuwenden: Was *fühle* ich jetzt? Versuchen Sie zu spüren, was Sie wirklich fühlen. Es ist für diese Minuten weniger wichtig, was Sie *denken*, wichtiger ist Ihr Gefühl. Einfach nur entdecken, was Sie fühlen, weiter nichts, jeden Tag – Sie werden nach wenigen Tagen überrascht sein, wie sehr Ihnen diese kleine Übung helfen kann, bei sich und bei Ihrer eigenen Entwicklung zu bleiben. Wenn Sie möchten, können Sie dabei auch gerne aufschreiben, was Sie fühlen. Es ist dienlich, eine Art Tagebuch darüber zu führen. Sie werden dann nach einiger Zeit womöglich selbst eine Entwicklung feststellen können. Schreiben Sie Ihre Gefühle nach und nach auf, so, wie Sie sie empfinden, ohne sie zu werten oder zu sortieren oder einen Kommentar dazu zu geben (was oft sehr schwer fällt). Es mag auch durchaus sein, daß Sie »nichts« fühlen, daß Ihr Gefühl betäubt ist, wie etwa ein Körperglied im ersten Moment nach einem heftigen Schlag. Dann schreiben Sie ruhig auf: »Ich fühle nichts.«

Versuchen Sie aber weiter, *alle* Gefühle in sich zuzulassen und zu benennen, auch wenn sie nicht in Ihr Bild von dem passen, was Sie jetzt spüren sollen oder wollen. Wenn Sie möchten, können Sie dann im Anschluß daran das, was Sie spüren, einem der vier Grundgefühle zuordnen: Ist das, was ich fühle, eher *Angst* oder *Wut* oder *Freude* oder *Trauer* – dabei ist es gut, so weit wie möglich zu unterscheiden, denn z. B. nicht alles, was einen insgesamt traurig macht, ist Trauer, manches ist wohl auch der Wut oder gar der Freude (»Erleichterung«) zuzuordnen.

Weiter nichts: Entdecken Sie, was Sie fühlen, und stehen Sie zu dem, was Sie fühlen. Vertuschen Sie Ihre Gefühle nicht, weder vor sich selbst noch vor anderen, soweit Sie bereit und imstande sind, sich anderen gegenüber zu äußern. Mit der Zeit werden Sie sehen, daß diese kleine tägliche Übung so etwas wie ein Freund und Reisegefährte für Sie wird, etwas, was Sie ständig daran erinnert, daß Sie selber leben.

Wenn Sie nach einiger Zeit gelernt haben, auf Ihre Gefühle zu hören und wenn Sie sich an die Widersprüchlichkeit und das Chaotische dieser Regungen ein wenig gewöhnt haben, können Sie in einem weiteren Schritt die Frage angehen, was denn diese Gefühle hervorruft. Versuchen Sie diese Frage im Laufe der Zeit immer genauer zu beantworten. Wenn Sie z. B. »die Trennung von ...« als Ursache benennen, so liegt dem bei genauerer Betrachtung »meine eigene Hilflosigkeit in dieser Situation« zugrunde oder »mein Widerstand dagegen, alleine leben zu müssen«. – Aber wichtiger als alle Differenzierung ist zunächst, daß Sie sich diese Zeit für sich selbst nehmen, sie manchmal auch durchstehen und auf jeden Fall bei dem bleiben, was Sie selbst *fühlen*.

Verwirrung und Zerstörung

Im folgenden möchte ich Ihnen eine alte Geschichte erzählen, die archetypisch in mehreren Religionen in verschiedenen Formen und Fassungen überliefert wird und die in der jüdisch-christlichen Tradition bekannt geworden ist als die Geschichte vom »Turmbau zu Babel« (Gen 11, 1 – 9). Dieser Text wird manchmal moralisierend gedeutet, um den Menschen die Eitelkeit und Eigenmächtigkeit ihres Tuns vor Augen zu halten. Ich will nicht behaupten, daß diese Interpretation völlig falsch oder unzulässig sei, sie bringt nur nicht sehr viel weiter. Fruchtbar wird sie erst dann, wenn sie mit der realen Erfahrung eines Menschen in Kontakt gebracht wird. Sie werden sehen, daß diese Geschichte Elemente enthält, die der krisenhaften Situation entsprechen, der wir uns in diesem Kapitel genähert haben. Das, was ein Mensch in dieser Situation erfährt, haben unzählige Generationen auf ihre je eigene Art und Weise erfahren. Sie haben diese Erfahrungen, zu Geschichten komprimiert, weitererzählt, um Hinweise zu geben, wie man mit solch einer Erfahrung so umgehen kann, daß sie für das weitere Leben fruchtbar wird.

Alle Menschen hatten die gleiche Sprache und gebrauchten die gleichen Worte. (...) Dann sagten sie: Auf, bauen wir uns eine Stadt und einen Turm mit einer Spitze bis zum Himmel, und machen wir uns damit einen Namen, dann werden wir uns nicht über die ganze Erde zerstreuen. Da stieg der Herr herab, um sich Stadt und Turm anzusehen, die die Menschenkinder bauten. Er sprach: Seht nur, ein Volk sind sie und eine Sprache haben sie alle. Und das ist erst der Anfang ihres Tuns. Jetzt wird ihnen nichts mehr unerreichbar sein, was sie sich auch vornehmen. Auf, steigen wir hinab und verwirren wir dort ihre Sprache, so daß keiner mehr die Sprache des anderen versteht. Der Herr zerstreute sie von dort aus über die ganze Erde, und sie hörten auf, an der Stadt zu bauen. Darum nannte man die Stadt Babel (Wirrsal), denn dort hat der Herr

die Sprache aller Welt verwirrt und von dort aus hat er die
Menschen über die ganze Erde zerstreut.

- Ganz wichtig ist es, sich noch einmal die Perspektive bewußt zu machen, in der eine solche Geschichte erzählt und
  weitergegeben wird: Da haben Menschen eine bestimmte
  Erfahrung in ihrem Leben gemacht, eine menschliche Erfahrung, von der sie rückblickend glauben, daß sie sinnvoll
  ist und zum Guten führt, daß sie von Gott zeugt. Also erzählen sie sie so, daß Gott selbst als »Akteur« darin vorkommt. Das heißt aber nicht, daß irgendwo »oben« (auch
  das ist ein Bild) jemand thront, der sich in die Weltge-
  schichte einmischt, sondern am Anfang steht ihre ganz
  »normale«, menschliche Erfahrung, die, etwas abstrahiert,
  wie folgt aussieht: Es gab eine Entwicklung bis zu einem
  gewissen kritischen Punkt, dann folgte ein Zusammenbruch, und im nachhinein hat man erkannt, daß dies
  irgendwie so kommen »mußte«, d. h. daß es (trotzdem)
  einen Sinn gab und eine Möglichkeit zum Guten.
- In dieser Situation der Krise, die über einen hereinbricht,
  fällt all das, was man sich – innerlich wie äußerlich – aufgebaut hat, plötzlich in sich zusammen. Ob dies vorher gut
  oder schlecht war, sei einmal völlig dahingestellt. Nur jetzt
  »funktioniert« es nicht mehr, alles bricht wie ein Karten-
  haus zusammen.
- Bis zu diesem Zeitpunkt sprach man die Sprache, die alle
  sprechen. Man »verstand sich«, aber es war keine wirkliche
  Einheit, die tief genug geht, es war nur eine dünne Schicht,
  die nicht wirklich trägt, wenn es darauf ankommt. Es
  braucht nur das einzustürzen, was man aufgebaut hat, und
  schon versteht der eine den anderen nicht mehr, ist man in
  alle Winde zerstreut.
- Es kann übrigens auch passieren, daß man in der Krise als
  einzelner (und zeitweise vielleicht sogar als einziger) die
  Sprache der anderen nicht mehr versteht, sie selbst nicht
  mehr spricht, weil sie einem ausgehöhlt und eitel vor-

kommt, da man selbst durch die dünne Schicht der Einheit hindurchgesackt ist. Man »versteht die Welt nicht mehr«.

- Von einem auf den anderen Tag herrscht »Wirrsal«, komplette Verwirrung. Alles ist durcheinandergerüttelt, nichts ist mehr dasselbe, alles hat eine andere Bedeutung, einen anderen Inhalt, einen anderen Stellenwert bekommen. Das, was oben auf dem Turm war, liegt jetzt ganz unten am Boden; das, was einen gestern noch zum Leben führte und nahe zu Gott brachte, drückt einen jetzt hinunter.

- Verwirrung herrscht auch in mir, in meiner Innenwelt. Alles flieht, nichts ist mehr greifbar, was gerade noch vertraut und selbstverständlich war. Ich würde selbst auch gerne fliehen, wenn ich nicht so am Boden zerstört wäre.

- Alles war so gut und so normal und nahezu unerschütterlich geworden. Mir fehlte es augenscheinlich an nichts, aber Glück und Geborgenheit sind nicht »machbar« aus eigener Kraft. Sicherheit ist eine Illusion, die von heute auf morgen zusammenbrechen kann.

- Die Krise zeigt, wie relativ das ist, was man sich mühsam aufgebaut hat, wie wankelhaft und zerbrechlich das eigene Weltbild ist. Vielleicht wird so irgendwann der Blick frei für das Fundament, auf das ich mein neues Leben bauen kann.

Zum Nachdenken

- Wer und was ist mir geblieben und ist mir wichtig?
- Was tut mir jetzt gut?
- Wer kann mich in Sachfragen beraten?
- Wem kann ich mich in meiner Situation öffnen, und zwar so, daß es mir hilft?
- Kenne ich Menschen, denen es ähnlich ergangen ist?
- Wovor habe ich jetzt noch Angst?
- Was wäre das Schlimmste, was jetzt passieren könnte?
- Was wäre das Beste, was jetzt real passieren könnte?

2. In mir die Sintflut

Sicher kennen Sie die Geschichte von Noach, von der großen Sintflut, die über die Erde hereinbricht, wo es Tag und Nacht regnet, so lange, bis restlos alles unter Wasser steht und nichts mehr aus dem Wasser hervorschaut. Nur Noach hat sich auf eine Eingebung (das lateinische Wort dafür ist »intuitio«, Intuition) hin eine Arche gebaut, wörtlich übersetzt: einen Kasten, eine geschlossene Kiste, und darin alles untergebracht, was nötig ist zum Überleben und zum Neuanfang, irgendwann einmal. Aber soweit ist es noch lange nicht.

Diese Geschichte von Noach kommt mir wie die symbolische Ausdrucksform einer tiefen Krise vor: Da sitzt jemand in seinem Boot, über den die Katastrophe hereinbricht, die seine ganze Umwelt und alles, was ihm bis dahin normal und wichtig erschien, untergehen läßt und der selbst auf irgendeine Art und Weise das zweifelhafte Los hat, diese Katastrophe zu überleben. Da regnet es ununterbrochen, und alles, was auch nur irgendwie lebendig war, geht unter, nichts ist mehr da, alles steht unter Wasser, es sind keine Konturen von irgendwas mehr zu erkennen, alles ist ein großer See, voller Regenwasser, das von außen auf mich eindringt; aber es sind auch die vielen geweinten und ungeweinten Tränen, die aus mir hervorbrechen, Tränen von Kummer und Schmerz über den erlittenen Verlust, über all das nicht mehr mögliche Leben, über alle ungenutzten Chancen, alle Träume, alle nicht erwachte Liebe. Ein Tal, gefüllt mit Tränen und Regen, bis nichts mehr daraus hervorschaut und alles untergegangen ist.

Dort schwimmt, gleichsam wie in einer Nußschale, obendrauf mein Leben. Das ist es, was ich vor mir sehe. Aus irgendeinem unerklärlichen Grund bin ich noch nicht untergegangen. Ich lebe noch, mein Puls ist spürbar, ich atme noch. In mir ist, beschränkt auf ein absolutes Minimum, noch alles vorhanden, was unabdingbar zu mir gehört – nichts im Vergleich zu dem, was einmal war. Wie vieles von dem, was zu mir gehörte, ist mit vergangen! Was jetzt noch da ist, ist gerade genug, um zu überleben, mehr nicht. Keine Menschen mehr, die mir weiterhelfen können, keine Bäume, an denen noch irgend etwas wächst, keine Berge, an denen ich mich orientieren könnte, der Himmel voller Wolken, ohne jeden Sonnenstrahl. Von oben regnet es ohne Unterlaß, von unten drängt die Flut mich mal nach rechts, mal nach links, ein Spiel im Wind, sonst nichts, ausgeliefert, treibend auf dem Wasser, keinen festen Boden unter den Füßen. Am liebsten würde ich mich verkriechen wie früher als Kind unter der Bettdecke, aber was hilft das schon? Es regnet weiter, und ich bin dem hilflos ausgeliefert. Meine Welt ist schon untergegangen, aber immer noch regnet es. Ist es denn nie genug? Wie lange kann ich mich noch über Wasser halten? Denkt denn niemand mehr an mich? Weiß denn keiner, was in mir umgeht? Wo ist Gott denn jetzt, wo ich ihn brauche? – ich bin ganz auf mich selbst gestellt. Drinnen in mir bewegt sich immer weniger, langsam erstarrt alles und ist zugleich chaotisch lebendig. Da kreischt und brüllt alles durcheinander und ist plötzlich, wie von Zauberhand bewegt, ganz still und starr, gefühllos – bis es wieder aufbricht. Ich schwimme, habe keinen festen Boden unter den Füßen. Wo bin ich eigentlich? Gibt es mich noch? Ein Blick nach draußen zeigt mir, daß es keinen festen Punkt auf dieser Erde gibt, auf dem ich aufsetzen könnte.

Es ist eine dramatische und zugleich sehr realistische Geschichte, die da über Noach erzählt wird. Das Notwendigste zum Überleben ist geborgen in der Arche, in dieser »Kiste aus Holz und Gottvertrauen«[3]. Auch Noach erfährt, daß er ganz auf sich allein gestellt ist, daß sein Gott ihn anscheinend vergessen hat, dort oben, und Noach treibt allein auf den Fluten. Doch die Geschichte geht noch weiter:

Wenn die Flut endlich vorbei ist, der Regen aufgehört hat und die ersten Berge wieder sichtbar werden, öffnet Noach das

Fenster der Arche und läßt einen Raben hinaus. Ein Rabe, pechschwarz, die Gestalt des Dunkeln, der Trauer: Das ist vorläufig alles, was aus der Arche nach draußen dringt. Der Rabe fliegt so lange ein und aus, bis das Wasser der Sintflut gesunken ist. Dann läßt Noach eine Taube hinausfliegen, Zeichen der Versöhnung, des Friedens und auch der Auserwählung. Aber das, was er da hinausläßt, findet auf der Erde noch keinen Halt. Es ist anscheinend zu früh, er bekommt noch kein Bein auf den Boden. So nimmt er die Taube wieder zu sich und wartet. Er wartet sieben Tage, d. h. die ganze Zeit, die nach der Überlieferung Gott braucht, um die Erde und alles, was auf ihr lebt, zu schaffen. Dann erst läßt er die Taube wieder hinausfliegen. Dieses Mal kehrt sie mit einem grünen Zweig im Schnabel zurück. Noach sieht seit langem wieder einen grünen Zweig! Anscheinend wächst da draußen auf der Erde wieder etwas, es grünt. Noch einmal wartet Noach sieben Tage und sieben Nächte und läßt dann die Taube zum dritten Mal hinausfliegen. Dieses Mal kehrt sie nicht mehr zur Arche zurück, sie hat Aufnahme gefunden in der Welt draußen. Am Ende, so steht es dort zu lesen im Buch Genesis, »am ersten Tag des ersten Monats«, an einem völlig neuen Anfang, entfernt Noach das schützende Dach der Arche, »er blickte hinaus und siehe: Die Erdoberfläche war trocken.«
Noach steht für den Menschen, der mitten in der Katastrophe überlebt und überleben muß, um einen neuen Anfang möglich zu machen. In einem solchen Menschen, über den eine Katastrophe hereingebrochen ist, herrschen zum Teil chaotische Gefühle, völlig ungereimt und unvermittelt nebeneinander: Trübes und Dunkles neben Erleichterung und Zuversicht; Wut neben Zuneigung. Kleine Anlässe genügen, um das gerade mühsam erworbene Gleichgewicht wieder zu kippen. Ordnungs- und Bewältigungsstrategien versagen ihren Dienst, der scheinbar feste Glaube ist wie weggeblasen. Weinen und Klagen, das ist im Grunde das einzige, was noch geht, was die drohende Erstarrung zumindest ein wenig löst. Auch nicht immer. Es ist durchaus in Ordnung, eine solche

Situation zu beklagen und zu beweinen, traurig und untröstlich zu sein. Die Fluten brechen ein, und es hat keinen Sinn, sie aufhalten zu wollen. Es ist kein falscher Egoismus, wenn man in solchen Momenten weint und klagt, oft ist es ein notwendiger Schritt im Vertrautwerden mit der Situation. Klagen Sie ruhig, weinen Sie ruhig, so lange bis die Fluten und der Regen von selbst weniger werden und versickern. Sie stecken womöglich in einer Situation, die Sie Ihrem ärgsten Feind nicht wünschen mögen – die aber auch Chancen in sich birgt, die Sie Ihrem besten Freund gönnen würden – aber das wird vermutlich erst später sichtbar werden.

Menschen in der Krise sind sehr verletzlich; sie sind überdies äußerst empfindsam für das, was echt ist und was geheuchelt ist. Sie haben nichts zu verlieren, denn verloren haben sie schon. Sie sind nicht selten auch reizbar und intolerant allem gegenüber, was in diesem Moment nicht in ihre stark bewegte und völlig verunsicherte Welt paßt. Das ist einfach so, und keiner sollte ihnen Vorschriften machen, was sie in dieser Periode zu fühlen haben, wie sie sich verhalten sollen und wie lange die Zeit der Krise und der Trauer dauern darf. Die Tränen werden irgendwann versiegen, wenn die Zeit dafür da ist. Irgendwann wird es stiller werden, die Arche wird aufsetzen und es wird wieder eine Struktur erkennbar werden in all dem, was unter Wasser gestanden hat.

In einer solchen Phase, in der alles untergeht und alles unwiederbringlich verloren ist, gibt es keine Hilfe. Was geschehen ist, ist im Grunde nicht auszuhalten, und doch führt kein Weg daran vorbei. Begreiflich, daß man am liebsten gar nicht hinschauen möchte, aber das Bewußtwerden des Verlustes hat schon eingesetzt, es bohrt sich unaufhaltsam weiter, dringt ein in den Geist, den Körper, die Seele. Nichts mehr ist noch normal, alles ist von der Stelle gerückt, ist tatsächlich »verrückt« – und man fragt sich oft, ob man es selbst auch ist. Dies ist das ganz normale Chaos der Krise!

Wäre es umgekehrt denn normal, wenn nach einem schweren Verlust, nach einer großen Entwicklung alles einfach normal weiterginge? Das geht nicht, und es gibt keine Alternative dazu, als diese Zeit durchzustehen, sich selbst oft wundernd, wieviel man immer noch aushalten kann – auch wenn man es gar nicht will.

Wenn man so ganz und gar betroffen ist und die Krise hereingebrochen ist, dann kann man nur mit Mühe überhaupt noch weiter funktionieren. Die alltäglichsten Dinge können zu einer ungewohnten Last werden: Das Aufstehen fällt schwer; man schleppt sich zur Arbeit oder muß den Arzt davon überzeugen, daß es nicht weitergeht; einkaufen, kochen, essen – am liebsten würde man gar nicht daran denken. Was soll das alles noch, es hat eh keinen Sinn. – So begreiflich solch eine Reaktion auch ist und so sehr man sich auch vergraben möchte, es *muß* irgendwann weitergehen. Die Realität holt einen ein, und es hat auf die Dauer keinen Sinn, sich dagegen zu wehren oder gar »abzutauchen« in Depressionen oder in Betäubung. All dies hat nur aufschiebende, keine aufhebende Wirkung. Da ist es besser, sich zu stellen, der Wirklichkeit in die Augen zu blicken.

Es gibt in dieser Periode einen Trost, dessen Wahrheit sich aber erst später nach und nach herausstellen wird und auf den man zum jetzigen Zeitpunkt nur hoffen und vertrauen kann. Es ist der Trost, daß es die Arche gibt, d. h. daß nichts, was wirklich lebensnotwendig ist, untergegangen ist und daß immer genug da ist, um (gerade noch) zu überleben.

3. Schritt für Schritt, Tag für Tag, Stunde um Stunde

Wenn du deine Seele bedrängst,
lähmst du sie.
Wenn du zuläßt, was sie jetzt braucht,
dann schenkt sie dir
von innen heraus (...) Verwandlung.
(Martin Klumpp[4])

Nichts ist mehr dasselbe wie vorher, alles ist anders geworden. Das gewohnte Navigationssystem, die innere Orientierung, anhand derer ich meine Entscheidungen fällte, ist völlig durcheinander. Oftmals bin ich gar nicht bei der Sache, manchmal regelrecht verwirrt. Der Blick in die Zukunft reicht gleichsam nur noch bis zur nächsten Ecke, und ich muß bis zu dieser Ecke gehen, um dann erst wieder bis zur nächsten schauen zu können. Keine Weitsicht, keine klaren Perspektiven, statt dessen höchstens ab und zu eine kleine Lampe im Dunkeln, die nicht weiter leuchtet als bis zum nächsten kleinen Schritt.

Es gibt Menschen, die sich an der Vergangenheit orientieren, die in ihrem Leben ständig zurückschauen, um sich darüber klar zu werden, was in der Gegenwart geschehen soll. Ebenso gibt es Menschen, die in ihrem konkreten Erleben eher zukunftsorientiert sind; sie können sich begeistern für Ideen und Utopien und aus der Vorwegnahme des möglichen Geschehens ihre Orientierung für die Gegenwart finden. In einer Krise jedoch ist man voll und ganz auf das »Hier und Jetzt« beschränkt. Die Bilder aus der Vergangenheit oder die einer möglichen Zukunft haben für den Augenblick ihre leitende Kraft eingebüßt, manchmal sind alle Bilder und Orientierungen sogar auf Nimmerwiedersehen verschwunden. Zwar kann man sich im »normalen« Leben schon einmal übungsweise auf das Hier und Jetzt der Gegenwart konzentrieren, aber in der Zeit der Krise und des Übergangs geschieht dies unfreiwillig und unausweichlich, man fühlt sich »zurückgeworfen« auf diesen Moment, auf die irgendwie grausige Gegenwart.

Fast alle Menschen reagieren darauf mit dem, was in der Psychologie als »Regression« bezeichnet wird, d. h. sie verhalten sich so, wie sie sich in einer früheren (meist kindlichen) Lebensphase verhalten haben. Die Mittel, mit denen man kritische Situationen normalerweise bewältigt, greifen plötzlich nicht mehr, und so greift man zurück auf das, was einem in früheren Phasen in schwierigen Situationen weitergeholfen hat. Die einen klagen und weinen, werden melancholisch-depressiv, oder sie »beißen die Zähne zusammen«; andere reagieren zwanghaft, oder sie tun einfach so, als sei nichts geschehen. Auf jeden Fall sind sie innerlich zurückgezogen und schwer zugänglich, auch für sich selber.

Die innere Orientierung ist zusammengebrochen. Man weiß sich einfach keinen Rat mehr, man weiß nicht, wie man sich verhalten soll, geschweige denn, wie man diese oder jene Entscheidung fällen soll, oder man fällt sie seelenlos-mechanisch in scheinbarer Ruhe oder in innerer Abwesenheit. Dies geschieht nicht selten zu einem Zeitpunkt, an dem gerade besonders viele Frage auf einen hereinbrechen, wichtige Fragen, bei denen es um die Weichenstellung für die Zukunft geht. Wenn man seine Orientierung verloren hat, dann ist es wichtig, erst einmal Zeit zu gewinnen und genau soviel zu entscheiden, wie zwingend notwendig ist, um am nächsten Tag weiterleben zu können. »Große« Fragen drängen sich zwar auf, aber Antworten müssen reifen, Entscheidungen nach hinten verschoben werden. Wenn die Fragestellung in etwa lautet: Was mache ich jetzt weiter mit meinem Leben? oder: Wie soll ich denn ohne ihn oder sie oder ohne meine Arbeit oder was auch immer weiterleben? oder: Welchen Sinn hat mein Leben noch?, dann ist es gut, diese Fragen erst einmal auf sich wirken zu lassen und es auszuhalten, daß sie eine

Zeitlang, ein paar Monate vielleicht, unbeantwortet bleiben. Man braucht sie nicht gleich zu beantworten, man kann sie auch »mitnehmen«. Manchmal verändert sich die Fragestellung auch im Laufe der Zeit, sie vertieft sich oder sie wird ganz praktisch und drängend. So kann die Frage danach, wie man denn in der neuen Situation weiterleben soll, sich zu der Frage vertiefen, was denn das eigentliche Ziel oder der Inhalt meines Lebens ist. Sie kann aber auch praktisch dringlich werden, weil man ausziehen oder an einen anderen Ort wechseln muß.

Es ist nicht immer leicht, sich auf die Entscheidung des zwingend Notwendigen zu beschränken und damit auch Fragen offen zu lassen, die man lieber gleich beantwortet hätte. Viele Menschen schaffen dann lieber übereilt »klare Verhältnisse« und sind dann ihre Fragen »los«, brauchen sie nicht mit sich herumzuschleppen. Dennoch möchte ich Ihnen raten, jetzt keine wichtigen Entscheidungen zu fällen. Krisenzeit ist nicht die Zeit, endgültige oder für länger währende Entscheidungen zu treffen. Besser ist es, Übergänge einzubauen, harte Entschlüsse erst einmal hinauszuschieben oder »abzufedern«, d. h. zu mildern oder so zu gestalten, daß man sie relativ einfach zurücknehmen kann. Ist es so schlimm, wenn man sich eingestehen muß, daß man sich jetzt nicht entscheiden kann? Später, wenn das Fahrwasser ruhiger, die Sicht klarer ist, kann man immer noch weiterreichende Entscheidungen treffen. Jetzt gilt es, Schritt für Schritt weiterzugehen und Tag für Tag, Stunde um Stunde zu leben und zu überleben; zu schauen, was jetzt geschehen muß, was jetzt, in diesem Moment, dran ist, wobei es sich ganz oft um scheinbar profane Dinge handelt wie die Zubereitung der Mahlzeit oder Wäsche waschen. Das sind Dinge, die dann einfach zu tun sind. Im Hintergrund bleibt es wichtig, aufmerksam zu sein für das, was man selbst empfindet – auch wenn es nicht in das Bild paßt, das andere oder man selbst von sich und von Krisenzeiten haben. So kann man z. B. das Bild in sich tragen, man müsse diese Zeit doch eigentlich souverän und »tapfer«

durchstehen, alles andere sei falsches Selbstmitleid. Das führt dann dazu, daß man die eigenen Ängste gar nicht mehr wahrnimmt oder sich der Entdeckung bislang ungekannter Aspekte der eigenen Persönlichkeit entzieht. Ähnlich ist es mit Erwartungen von außen: So erwartet man vielleicht von einem Pensionär, daß er fröhlich und zufrieden ist und endlich für alles Zeit hat – was aber womöglich gar nicht der Realität entspricht. Was auch immer es sei: Fühlen Sie, was Sie fühlen, und tun Sie das, was als nächstes getan werden muß. Nicht mehr, nicht weniger – Sie werden sehen: Es reicht, um zu leben, für jetzt, für heute.

In der Krise neigt man natürlicherweise dazu, sich auf das zu fixieren, was nicht mehr da ist, oder auf das Problem, das sich jetzt stellt. Es ist wichtig, diese Fixierung immer wieder zu lösen, sich davon nicht einschnüren zu lassen, sondern Tag für Tag weiterzuschauen und von Minute zu Minute zu spüren: Ich lebe immer noch, ich bin da, ich kann leben, hier und jetzt. Lassen Sie sich von Ihrer bedrängenden Situation, von den tausendundeinerlei Dingen und Fragen, die demnächst, wie Sie vermuten, auf Sie zukommen werden, von den angstbesetzten Vorstellungen über die Zukunft und ähnlichem nicht einschnüren, denn die Realität sieht meist ein klein wenig anders aus, als diese Vorstellungen und Befürchtungen sie im voraus erscheinen lassen, und es reicht, wenn man sich dem, was *jetzt* dran ist, stellt. Angst ist tatsächlich ein schlechter Ratgeber, und es bringt nicht weiter, wenn man auf Eiern brütet, die noch gar nicht gelegt sind.

Jetzt, in dieser krisenhaften Zeit, bildet sich etwas im Innern heran, was bislang noch wenig Wachstumschancen hatte. Sie werden, wenn Sie den Mut dazu haben, sich der Situation und allem, was in Ihnen umgeht, zu stellen, sehr bald neue, unbekannte Seiten in sich selbst wahrnehmen: Gedanken, Gefühle, Fähigkeiten, von denen Sie vielleicht gar nicht mehr wußten, daß sie seit jeher in Ihnen waren oder die tatsächlich völlig neu sind. Haben Sie keine Angst, wenn Sie sich selbst manchmal nicht wiedererkennen – das ist in dieser Zeit völlig normal: »*Fühlen, was ich fühle*«, hier und jetzt, in diesem Augenblick.

Jeder Mensch hat verschieden gelagerte Anteile in seinem Wesen, stark entwickelte und weniger stark entwickelte. So hat jeder Mensch gleichsam einen »großen« und einen »kleinen« Menschen in sich. Es ist wichtig, daß *beide* zum Zuge kommen, daß der »große« Mensch in mir, der Erwachsene, der Vernünftige, der Begabte, den »kleinen« Menschen, der auch Teil von mir ist, nicht unterdrückt und völlig beherrscht, sondern daß beide Teile sich gegenseitig wahrnehmen, »anhören« und ergänzen. Der große Mensch in mir hat starke Züge, er überblickt alles und hält die Zügel in der Hand; er braucht im Grunde nichts und niemanden, ist souverän und begeisterungsfähig, er schreitet voran, ist stark, fällt nie um, er gibt nie auf. Der kleine Mensch in mir ist wie ein Kind, das ständig etwas will, es kann quengeln und unruhig sein, es reagiert oft überhaupt nicht logisch – aber es ist auch sehr lieb, einfühlsam, es kann spielen und dabei sich selbst und die Welt drumherum ganz vergessen. Der kleine Mensch in mir ist oft schüchtern und ängstlich, er verlangt nach Geborgenheit und Zärtlichkeit, er will beachtet und behütet werden. Wenn der große Mensch in mir den kleinen Menschen beherrscht und an die Wand drückt, dann werde ich nach außen hin sehr stark, dann kann mich augenscheinlich nichts erschüttern. Aber ich werde auch unempfindsam, hart, ich höre nicht mehr richtig zu, bin verbohrt und irgendwie nicht recht glücklich, auch wenn ich das gar nicht wahrhaben will oder nur mein trauriger Blick oder die ständige Müdigkeit mich verraten. Irgendwo in einem versteckten Winkel in mir wimmert das Kind, der kleine Mensch, und bettelt um sein Leben. Durch das Auftrumpfen des großen Menschen wird er noch kleiner, als er sowieso schon ist, und er droht gänzlich zu verschwinden. Das ist tatsächlich eine lebensbedrohliche Situation, denn dort droht ein Teil von mir wegzusterben, ohne den ich nie der sein kann, der ich wirklich bin!

Es gibt Menschen, die den kleinen Menschen in sich umgebracht oder so eingeschlossen haben, daß er für sie selbst schon nicht mehr erreichbar ist. Sie leben nie ganz, sind vielleicht überlegen, aber früher oder später werden sie mürrisch und bitter oder depressiv. Der Tod des kleinen Menschen rächt sich an ihnen.

Wenn umgekehrt der kleine Mensch den großen Menschen beherrscht und an den Rand drängt, dann zeigt sich, daß er in seiner augenscheinlichen Kleinheit sehr wohl schreien und tyrannisieren kann, daß er gleichsam mit der Macht der Ohnmacht alles und jeden beherrscht. Er sieht immer nur sich selbst und sein kleines, ständig aufbegehrendes Ego, rückt seine völlig individualisierten Gefühle in den Mittelpunkt, ist sprunghaft und launisch – er herrscht gleichsam »von unten«.

Stehen beide miteinander in einem gleichgewichtigen Verhältnis, dann ist es der kleine Mensch, der mich mild macht, der die Empfindsamkeit und die Zärtlichkeit in mir offenhält, der meine Allmachtsphantasien relativiert, der mich ab und zu auch einmal »nutzlose« Dinge tun und einfach spielen läßt, der mich zugänglich und liebenswert macht. Der große Mensch behütet und schützt ihn, er achtet ihn und hört ihm zu, aber er gebietet ihm auch Einhalt, wenn er sich tyrannisch aufspielt. Im guten Gleichgewicht macht der große Mensch mich fähig, etwas aus meinem Leben zu machen, Entscheidungen zu fällen, mich durchzusetzen, ohne Scherben zu hinterlassen, und auch bei Gegenwind weiterzugehen.

Man kann dieses Gleichgewicht zwischen dem großen und dem kleinen Menschen nicht einfach planen und herstellen. Im Moment der Krise jedenfalls ist es durcheinander gerüttelt, erst muß sich alles, was aufgewirbelt wurde, wieder ein wenig setzen und zur Klarheit kommen. So kann es geschehen, daß man in dieser Zeit im einen Moment unter dem Vorzeichen des kleinen Menschen reagiert, untröstlich lamentiert und daß dann von heute auf morgen ganz abrupt die Stimmung umschlägt und man verhärtet und für andere (nicht selten auch, so paradox es sein mag, für sich selbst) unzugänglich ist und »alles im Griff hat«. Das innere Gleichgewicht kann nur auf Dauer wieder wachsen. Es wächst, indem man genau auf das achtet, was man fühlt, und sich dabei in kleinen Schritten, von Tag zu Tag, Stunde um Stunde fortbewegt, nicht mehr übersehend als das, was jetzt in diesem Moment zum Leben zwingend notwendig ist. Es ist keine Schande, wenn man z. B. mitten in einem Gespräch oder bei etwas, was man gerade tut, sich in aller Stille eine kleine »Aus-Zeit« nimmt, um nachzuspüren und sich zu fragen: Was empfinde ich jetzt wirklich? Was ist von mir, was von dem anderen, mit dem ich gerade zu tun habe? Kommt das, was ich fühle, aus der momentanen Situation oder schwingt darin auch etwas mit von früheren Situationen, wodurch meine Reaktion verzerrt wird? Mit der Zeit wird dieses kurze Innehalten und Nachspüren zur Gewohnheit, man kann schneller und klarer erkennen, was in einem umgeht. So lernt man sich selbst quasi von Grund auf neu kennen und findet nach und nach zu neuem Gleichgewicht. Das aber geht nicht schnell, es erfordert Geduld und Einübung.

Die Zeit, in der Sie sich jetzt befinden, bietet Ihnen – trotz aller widrigen Umstände – die Chance, sich auf das Hier und Jetzt, auf das eigene Erleben und auf die noch nicht geweckten Teile in sich selbst zu konzentrieren und damit im Endeffekt Ihr Leben zu intensivieren und voller und reicher zu machen. Sie haben sich diese Zeit nicht selbst ausgesucht, sie ist regelrecht über Sie hereingebrochen, und Sie hatten womöglich gar nicht das Bedürfnis, sich großartig weiterzuentwickeln. Aber wenn es jetzt schon einmal so ist, wie es ist, soll nicht nur das Unglück und die Bedrohung, sondern auch die Chance einer solchen Situation ins Licht rücken. Manchmal ist es sogar so, daß man spüren kann, daß in diesem katastrophenhaften äußeren Geschehen, dem man ausgesetzt ist, etwas zum Durchbruch kommt, was sich innerlich bereits angemeldet hatte, was gleichsam nur auf eine »Gelegenheit«, d. h. eine Schwächung des bestehenden inneren Systems wartete, um sich durchzusetzen und einen notwendigen positiven(!) Entwicklungsschub zu bringen. Wenn Sie jetzt diese »Krisenarbeit« leisten, verhindern Sie zudem mögliche Krankheiten und psychische Störungen, mit denen Menschen reagieren, die sich innerlich nicht mehr bewegen, die erstarrt sind und die nicht mehr imstande sind, sich wirklich neu zu entwickeln.

Das Lebensmotto für diese Krisenzeit – Schritt für Schritt, Tag für Tag, Stunde um Stunde – ist im wahrsten Sinne des Wortes aus der Not geboren, aber wenn man es aufgreift und sich zu eigen macht, ist es ein Weg zur Erneuerung, die einen weiter bringt, als man vor dem Geschehen je kommen konnte.

Zur Unterstützung

Nicht alles auf einmal

Der folgende Text stammt aus einem bekannten Buch von Michael Ende: »Momo«[5]. Die kleine Momo begegnet dort einem Straßenkehrer namens Beppo, und dessen Lebensphilosophie illustriert haarfein, was mit dem besprochenen Lebensmotto für die Krisenzeit – Schritt für Schritt, Tag für Tag, Stunde um Stunde – gemeint ist:

Wenn Beppo so die Straßen kehrte, tat er es langsam, aber stetig: Bei jedem Schritt einen Atemzug und bei jedem Atemzug einen Besenstrich. Dazwischen blieb er manchmal ein Weilchen stehen und blickte nachdenklich vor sich hin. Und dann ging es weiter – Schritt – Atemzug – Besenstrich.

Während er sich so dahinbewegte, vor sich die schmutzige Straße und hinter sich die saubere, kamen ihm oft große Gedanken. Aber es waren Gedanken ohne Worte, Gedanken, die sich so schwer mitteilen ließen wie ein bestimmter Duft, an den man sich nur gerade eben noch erinnert, oder wie eine Farbe, von der man geträumt hat. Nach der Arbeit, wenn er bei Momo saß, erklärte er ihr seine großen Gedanken. Und da sie auf ihre besondere Art zuhörte, löste sich seine Zunge, und er fand die richtigen Worte. »Siehst du, Momo«, sagte er dann zum Beispiel, »es ist so: Manchmal hat man eine sehr lange Straße vor sich. Man denkt, die ist so schrecklich lang; das kann man niemals schaffen, denkt man.« Er blickte eine Weile schweigend vor sich hin, dann fuhr er fort: »Und dann fängt man an, sich zu eilen. Und man eilt sich immer mehr. Jedesmal, wenn man aufblickt, sieht man, daß es gar nicht weniger wird, was noch vor einem liegt. Und man strengt sich noch mehr an, man kriegt es mit der Angst, und zum Schluß ist man ganz außer Puste und kann nicht mehr. Und die Straße liegt immer noch vor einem. So darf man es nicht machen.«

Er dachte einige Zeit nach. Dann sprach er weiter: »Man darf nie an die ganze Straße auf einmal denken, verstehst du? Man muß nur an den nächsten Schritt denken, an den nächsten Atemzug, an den nächsten Besenstrich. Und immer wieder nur an den nächsten.«

Wieder hielt er inne und überlegte, ehe er hinzufügte: »Dann macht es Freude; das ist wichtig, dann macht man seine Sache gut. Und so soll es sein.« Und abermals nach einer langen Pause fuhr er fort: »Auf einmal merkt man, daß man Schritt für Schritt die ganze Straße gemacht hat. Man hat gar nicht gemerkt wie, und man ist nicht außer Puste.« Er nickte vor sich hin und sagte abschließend: »Das ist wichtig.«

- »Man darf nie an die ganze Straße auf einmal denken, verstehst du? Man muß nur an den nächsten Schritt denken …« – Können Sie den nächsten Schritt, der jetzt in Ihrem Leben vor Ihnen liegt, erkennen und benennen?
- Beppo fand in Momo jemanden, der ihm so zuhören konnte, daß er die richtigen Worte fand. Kennen Sie in Ihrem Kreis auch jemanden, mit dem Sie vielleicht einmal so über Ihre Situation reden können?
- Sind Sie sich selbst manchmal auch ein solch guter Zuhörer, indem Sie dem offen nachspüren, was in Ihnen ist?
- Können Sie Dinge benennen, die Ihnen in Ihrer jetzigen Situation Mut machen?

Lebensgründe

Ich möchte Ihnen in diesem Zusammenhang eine kurze Übung vorschlagen, die Ihnen jetzt und sicher auch später noch weiterhelfen kann:

Schreiben Sie sieben Gründe auf, warum es sich lohnt zu leben!

Die Zahl sieben ist mehr oder weniger willkürlich gewählt, hat sich aber in der Praxis bewährt, und es ist wichtig, sich nicht zu schnell zu begnügen und die Überlegungen einzustellen. Also versuchen Sie es einfach einmal, bis Sie sieben Gründe gefunden haben. Falls es mehr werden sollten – Glückwunsch! –, dann versuchen Sie sie zu ordnen und zusammenzufassen oder die sieben wichtigsten herauszugreifen.

Als Hilfestellung nenne ich Ihnen einige Gebiete, auf denen derartige Gründe womöglich zu finden sind:

- Haben oder hatten Sie etwas, wofür Sie sich einsetzen bzw. eingesetzt haben?
- Gibt es Personen in Ihrem Umkreis, die mit Ihnen rechnen?
- Was könnte / sollte / müßte sich in der jetzigen Situation bessern?
- Worin bestehen Ihre Fähigkeiten, wo haben Sie (ungenutzte?) Talente?
- Für wen oder was möchten Sie in der Zukunft etwas bedeuten?

4. Ich hatte noch so viel vor

*Immer erst am Tag danach
weiß man, daß man nichts mehr
fragen noch sagen kann.*

Oft geht der Blick zurück in die Zeit, in der die eigene Welt noch »in Ordnung« war. Nicht jeder schaut gern in die Vergangenheit zurück, zumal bei einer Scheidung oder bei einer plötzlichen Entlassung oder allgemein bei Momenten, in denen man große Kränkungen erfährt. Da dauert es oft lange Monate, bis man den Blick auf das Zurückliegende richten will – zu groß sind die Verletzungen, die Wunden müssen sich erst ein wenig schließen. Anders ist es, wenn ein lieber Mensch gestorben ist oder man Menschen und Dingen hinterher trauert, die einem wichtig waren. Dann ist man eher geneigt, an der Vergangenheit festzuhalten, sich manchmal regelrecht darin festzubeißen, um für ein paar Momente das Gefühl zu haben, als sei nichts geschehen, als wäre alles noch beim alten. Dies sind aber im Grunde nur unterschiedliche Einstiege und Vorzeichen, um sich mit dem auseinanderzusetzen, was war und wie es war, und vor allem mit dem, was noch hätte sein können. Ob der Blick zurück mit Kummer und Traurigkeit einhergeht oder eher mit Wut und Aggression verbunden ist, in beiden Fällen muß man im Laufe der Zeit zu einer realistischen Einschätzung und Würdigung finden und diese Vergangenheit als vergangenen – nicht verlorenen – Teil des Lebens integrieren. Das ist aber erst dann möglich, wenn man sich nach und nach verabschieden und loslassen kann.

Wenn man tatsächlich den Mut aufbringt, sich diese Vergangenheit einmal in Ruhe und ohne Übertreibung – positiv wie negativ – anzuschauen, dann wird man früher oder später auf zwei Dinge stoßen: zum einen auf Momente, in denen man

41

selbst oder die andere Partei irgendwie schuldig geworden ist; zum anderen auf das, was vielleicht noch hätte sein können oder was gewesen wäre, wenn es anders gelaufen wäre, m.a.W. auf »ungelebtes« Leben. Dieses richtet sich auf die Zukunft, auf das, was man als »auf sich zukommend« – so die wörtliche Bedeutung des Wortes Zukunft – erwartete. Darauf werde ich als erstes eingehen. Danach werde ich die Frage nach der Schuld und Schuldgefühlen thematisieren, die sich direkt auf das Vergangene richtet. Zuletzt möchte ich ein für viele sehr bedrängendes Problem ansprechen, die »besonderen Zeiten«. Besondere Zeiten sind z. B. bestimmte Feiertage im Jahr, wie Weihnachten, Silvester, Ostern oder in manchen Gegenden die Karnevalstage, aber auch persönliche Jahrestage, wie Geburtstag, Hochzeit oder der Tag, an dem sich der erlittene Verlust jährt.

Zunächst aber zum Abbruch des Lebenstraumes, zu dem, was man eigentlich noch vorhatte oder lieber anders gewollt hätte, denn bei einer Lebenskrise muß man sich nicht nur von Vergangenem verabschieden, sondern auch von Zukünftigem, nämlich von all den Lebensentwürfen, von den Träumen und Hoffnungen, von enttäuschten Erwartungen. Manchem ist das sehr bewußt, bei anderen äußert es sich eher in einem vagen Gefühl des Enttäuschtseins. Es ist ein Abschied von der Zukunft, d. h. von *dieser* Zukunft, wie man sie sich vorgestellt hatte. Es ist gut, diese Vorstellung so genau wie möglich zu umreißen und auf diesem Wege zu betrauern: Trauer um das, was war und jetzt nicht mehr ist; Trauer um das, was noch hätte sein können; Trauer um das, was anders hätte sein sollen. Man kann geneigt sein, dies alles als bloße Phantasie abzutun, in dem Sinne, daß man mit den Konjunktiv-Formen »hätte« und »würde« die Welt auf den Kopf stellt. Hier aber geht es um etwas ganz Realistisches, nämlich um Träume und Erwartungen, die in jeder Beziehung eine wichtige Rolle spielen, die ja bereits da waren und die nun unerfüllt bleiben, von denen man sich – ganz real – verabschieden muß. Wenn man sich von seinen Träumen und Erwartungen, die in indirekter Verbindung mit der vergangenen Situation stehen, nicht verabschiedet, dann entsteht nicht selten ein unterschwelliges Gekränktsein, dessen Ursprung man nach einiger Zeit nicht mehr kennt. Es gibt viele Menschen, die mit solchen gleichsam »hausgemachten« Enttäuschungen belastet sind, weil sie sich nicht verabschiedet haben von dem, was vielleicht hätte sein können, was aber so nicht mehr möglich ist. Der bewußte Abschied hingegen ermöglicht es, Impulse zu neuem Leben zu finden, ein Verlangen nach »mehr«, nach »echtem« Leben. Diese Energien müssen freigesetzt werden. Wenn sie sich nach innen kehren, wird man bitter und zynisch, da die Realität nie dem Lebenstraum entsprechen kann. Was ein Mensch als ein tiefes Verlangen in seinem Herzen trägt, wird er immer wieder in je anderer Form zu verwirklichen trachten. Diese durch die Verabschiedung aus dem jetzt vergangenen Kontext freigewordenen Impulse sind also wichtig für den Neuaufbau. Oft wird man nach einiger Zeit erstaunt feststellen, wieviel Energie man in die vergangene Lebenssituation und die zu Ende gebrachte Beziehung gesteckt hatte. Es dauert einige Zeit, nicht selten Jahre, bis man seine Energien »wiederbekommt«, d. h. bis sie in einem neuen Kontext (auch der muß sich erst einmal herausbilden) einen Platz gefunden haben. Meistens kann man nach ein bis zwei Jahren schon eine positive Entwicklung absehen, aber es dauert oft fünf bis sieben Jahre, bis man wieder das Gefühl hat, zugleich anders und »neu«, aber auch wieder »ganz der Alte«, ganz bei sich selbst zu sein.

Daß man anfangs die Neigung hat, die vergangene Situation zu idealisieren oder im anderen Fall die zerbrochene Wirklichkeit abzuwerten und zu Recht oder zu Unrecht mit Wut zu reagieren, ist völlig normal, es ist zunächst auch wirklich »in Ordnung«, denn Idealisierung und Abwertung haben eine gewisse Schutzfunktion: Sie beschützen uns vor der jetzt noch nicht erträglichen vollen Realität. Ich halte es für sehr legitim, sich diesen Schutz eine Zeitlang zu erhalten. Erst wenn man in der Idealisierung bzw. Abwertung verharrt und verstarrt, ist Hilfe angesagt. Menschen in einer Krise brauchen Schutz, sie wollen behütet sein, und sie müssen das, was so extrem verletzbar in ihnen ist, vor der Außenwelt (und oft auch vor sich selbst und den eigenen Gedanken) schützen. Man ist in Hinsicht auf die Vergangenheit besonders empfindlich, oft regelrecht intolerant gegenüber anderen Darstellungen. Seismographisch reagiert man auf die geringste Störung des instabilen Gleichgewichts.

Zunächst aber ist es gut, sich ein wenig mehr darüber klar zu werden, was einem jetzt im Vergleich zu früher fehlt, was man noch erträumt und erwartet hatte und was jetzt in dieser Form nie mehr Wirklichkeit werden kann. Nehmen Sie sich ruhig die Zeit, einmal gezielt darüber nachzudenken und all das, was Ihnen dann in den Sinn kommt, aufzuschreiben und zu betrachten. Vielleicht ist es der Mensch, der fehlt, der einen anblickte, wenn man nach Hause kam, mit dem man reden und lachen konnte, mit dem man sich stritt, der ein einfühlsamer und zärtlicher Partner war. Vielleicht ist es die Anerkennung, die man im Beruf hatte: man war jemand und fühlt sich jetzt »nichts mehr«; oder das Gefühl, etwas zu schaffen, finanziellen Spielraum zu haben, normale kollegiale Kontakte pflegen zu können. Vielleicht ist es die Familie, die man hatte und die auch dann, wenn es schlecht ging, immer noch besser war als dieses Nichts, das jetzt herrscht: oder die Kinder und das »normale« Leben, das jetzt zerbrochen ist. Vielleicht ist es das Bild, das man von sich selbst hatte, daß einem so etwas nie passieren könne, daß man sich alles anders vorgestellt hatte usw. Scheuen Sie sich nicht, alles so genau und detailliert wie möglich beim Namen zu nennen. Eine Anleitung für eine Abschiedsübung finden Sie im Übungsteil dieses Kapitels.

Seien Sie bei all dem sicher, daß nichts, was wesentlich im Innern zu Ihnen gehört, verloren geht, es wird in einer anderen Gestalt, in anderen Zusammenhängen, anderen Konstellationen erneut hervortreten. Klagen Sie ruhig über das, was nicht mehr möglich ist und was schön gewesen wäre, aber horchen

Sie Ihren Wünschen und Verlangen weiter nach, bis Sie sich klarer darüber werden, welcher Impuls dahintersteckt und in welche Richtung er geht. Er wird sich vielleicht in der Zukunft neue Bahnen suchen und auf eine jetzt noch nicht denkbare Art und Weise verwirklichen.

Wenn man sich von der erhofften Zukunft ein wenig losgemacht hat, kann auch der Blick auf die erlebte Vergangenheit wieder ein wenig freier werden. Gerade in Krisenzeiten, die ja fast immer auch Wendepunkte im Leben sind, stellt sich die Frage nach der Schuld früher oder später wie von selbst. Dabei geht es nicht nur um das, was die andere Seite getan oder gerade nicht getan hat, sondern auch um die eigenen Anteile in diesem Geschehen. Nicht selten stehen eigene Schuldgefühle oder Schuldzuweisungen an andere sogar von Anfang an im Mittelpunkt. Solange Wut und Schmerz dabei noch die Überhand haben, ist es sehr schwer, die *eigenen* Anteile am Geschehen zu betrachten und daraus zu lernen. In der Regel geht das etwas besser, wenn die ersten Turbulenzen vorbei sind und man ein wenig Ruhe hat, um über das Vergangene nachzudenken. Das erste und wichtigste im Umgang mit Schuldgefühlen ist nach meiner Erfahrung, daß man sie ernst nimmt, und zwar zunächst einmal unabhängig von ihrem (verstandesmäßig bestimmten) »Realitätsgehalt«, also einfach als Gefühl. Das bedeutet zum einen, daß man darauf achtet, wenn solche Gefühle auftauchen, daß man sie sich selbst gegenüber auch zugibt und so klar wie möglich umschreibt. Zum andern heißt das, daß man Schuldgefühle nicht von vornherein als unsinnig oder übertrieben vom Tisch fegt oder sie »wegrelativiert«, indem man auf Begleitumstände oder irgendwelche »Ent-Schuldigungen« weist. Erst wenn man vorhandene Schuldgefühle ernst nimmt, kann man sie angemessen einordnen und darin dann unterscheiden. Letzteres ist der zweite Schritt: daß man genau hinschaut und unterscheidet, ob es sich um ein mehr oder weniger »anonymes«, d. h. nicht an konkreten Gegebenheiten festzumachendes Gefühl des Schuldigseins handelt oder um eine auch »tat-sächlich« vorhandene Schuld. Ein eher anonymes Schuldgefühl kann sehr viele Ursachen haben, und es ist sicher gut, dem einmal gründlich nachzugehen. Aber so gut wie nie geht es dabei um eine nachweisbare Schuld. Solche »anonymen« Schuldgefühle aber stehen einer positiven Entwicklung im Wege. Sie haben die (nicht bewußt gewählte) »Funktion«, am Vergangenen festzuhalten, nicht wirklich loslassen zu müssen und einen Neubeginn zu wagen. Es geht nicht wirklich um Schuld, sondern um eine tiefsitzende Verweigerung oder Angst. Wenn man dies erkannt hat, sollte man sich von solchen »Schuld«-Gefühlen in aller Ruhe verabschieden.

Was aber ist mit dem, was bei einer realistischen Einschätzung der Schuld übrigbleibt, mit dem, wofür man keine rechte Erklärung, geschweige denn eine Entschuldigung hat? Es bleibt etwas übrig, ein »Rest des Unentschuldbaren«[6]. Hier ist dann der dritte Schritt im Umgang mit Schuld zu setzen, der darin besteht, daß man die vorhandene Schuld anerkennt und in irgendeiner Form auch bekennt. Solange die betroffenen Personen noch leben, kann man sich mit ihnen in Verbindung setzen, man kann schriftlich oder mündlich um Verzeihung bitten für das *erkannte und benannte* Unrecht oder den Schaden, den man angerichtet hat. Wichtig ist, daß man auch sich selbst dabei nicht *ver*urteilt, sondern für das, was geschehen ist, geradesteht, wissend, daß es nichts gibt, was in letzter Instanz nicht zu vergeben wäre. Das gilt auch, wenn die Schuld einem Verstorbenen gegenüber besteht: Es kann niemals Sinn der Sache sein, weiteres Leben zu blockieren und Leid zu mehren. Es geht darum, vorhandenes Leid anzuerkennen und zu lindern und neues Leid zu verhindern. Eine Wiedergutmachung – der vierte Schritt – besteht einerseits, soweit das möglich ist, in der Linderung des angerichteten Leids, andererseits im Lernen und in der Bewährung, d. h. in der Bereitschaft, es künftig anders zu machen, und in einer tatsächlichen Änderung des Verhaltens. Mit anderen Worten: Die Wiedergutmachung besteht – augenscheinlich paradox – darin, daß man durch die gemachten Erfahrungen, die negativ waren, positiv weiterwächst.

Wenn man mit einem Menschen in Beziehung steht, ist es nahezu unvermeidlich, daß man aneinander schuldig wird. Dies gilt zumal in engen Partnerschaftsbeziehungen. Ich will keine Schuld vertuschen, aber vielleicht ist es gut, sie gerade in besonders nahen Beziehungen mit einem milden Blick zu betrachten. Gerade wenn man sich nahesteht, bleibt man sich fast immer auch irgend etwas schuldig. Ich gehe noch einen Schritt weiter: Es gibt keine wirkliche gegenseitige Beziehung, in der man nicht auch schuldig wird. Das Fehlen eines solchen Schuldbewußtseins könnte sogar auf mangelnde Achtsamkeit in der Beziehung hinweisen oder auf einen in unserer Zeit vielfach vorhandenen Unschuldswahn. Ganz entscheidend ist, daß man weder sich selbst noch den anderen darin verurteilt, sondern offen und in Ruhe die vorhandene Schuld erkennt und anerkennt und daran lernt und wächst.

Ein ganz besonderes Problem im Erleben und Verarbeiten eines Verlustes sind die »besonderen Zeiten« – Geburts- und Jahrestage sowie Festtage wie Weihnachten, Silvester und Neujahr und ähnliches. An diesen Tagen wird die Erinnerung des Vergangenen und der nicht-gelebten Zukunft oft dramatisch aktuell. Ich möchte Sie ermutigen, sich solchen Tagen zu stellen, sie nicht »irgendwie zu überleben«, sondern sie ganz bewußt zu begehen und zu »er-*leben*«. Dazu möchte ich Ihnen zwei Beispiele erzählen. Das erste handelt von einer jungen Frau, die wenige Wochen vor der Hochzeit ihren Partner verlor; das zweite von einem Mann, der nach der Trennung von seiner Familie zum ersten Mal an Weihnachten alleine dasteht:

Ingrid war schon einige Zeit mit ihrem Freund zusammen, sie wollten in wenigen Wochen heiraten. Die Einladungen zur Hochzeit waren bereits zum Drucker gegeben, als ihr Freund bei einem Verkehrsunfall ums Lebens kam. In meiner Ansprache bei der Trauerfeier habe ich betont, daß eine Verbindung zwischen Menschen nicht durch einen formellen Akt zustande kommt, sondern daß dieser Akt nur bekräftigt und kundtut, was bereits da ist. Sie seien in diesem Sinne durchaus bereits »verheiratet« gewesen.

Es kam, was unvermeidlich war: der Tag, an dem die Hochzeit hätte stattfinden sollen. An diesem Tag, es war gerade mal zwei Wochen nach dem Begräbnis, ist sie mit einigen Freundinnen und Freunden zum Grab ihres Partners gegangen. Sie hat den Blumenstrauß, den ihre Freundinnen ihr als eine Art Brautstrauß geschenkt hatten, in eine Vase auf das Grab gestellt. Gemeinsam haben sie am Grab gestanden, geweint und »irgendwie gebetet«, wie Ingrid sich ausdrückte. Sie haben sich an ihn erinnert und schließlich manchmal sogar in der Erinnerung ein wenig gelacht. Danach sind sie gemeinsam essen gegangen. So haben sie diesen Tag begangen, sie haben ihn gefeiert und zu einem ganz besonderen Feiertag gemacht.

Später hat Ingrid mir erzählt, wieviel Angst sie vor diesem Tag gehabt hat. Sie hatte das Gefühl, ihn nicht überleben zu können und eigentlich auch gar nicht überleben zu wollen. Doch hat sie in all dem gespürt, daß das Leben in ihr stärker war als das Verlangen nach dem Tod. Sie hat erfahren, daß ihre Liebe zu ihrem Mann über die Grenzen der sichtbaren Welt hinausgeht, daß es – wie auch immer man sich das vorstellen mag – etwas gibt, was bleibt und nicht untergeht.

Ingrid hat den Mut gehabt, sich der Situation zu stellen, und sie hat eine Erfahrung gemacht, die für ihr weiteres Leben prägend ist. Auf diese Art und Weise hat sie innerlich einen gewaltigen Fortschritt gemacht, der es ihr ermöglichte, sich von ihrem Partner nach und nach zu verabschieden, ihn Schritt für Schritt loszulassen, ziehen zu lassen und darin gleichzeitig eine Verbindung ganz anderer Art aufzunehmen, in der nichts verlorengeht, was wirklich Liebe war und ist.

Das zweite Beispiel:

Martin lebte nach der Trennung von seiner Frau und damit auch von seinen beiden Kindern seit einem halben Jahr allein. Weihnachten stand vor der Tür, und er stand zum ersten Mal in seinem Leben vor der Situation, daß er an Heiligabend allein sein würde. Freunde oder Bekannte anrufen und sich »Asyl« verschaffen wollte er nicht, Angebote für diese Tage hatte er etwas stolz und störrisch abgelehnt, er fürchtete sich vor »Mitleidsaktionen«, bei denen er sich, so gut sie auch gemeint waren, irgendwie zweitrangig vorkam. So stand er denn allein vor dem Fest, fühlte sich unendlich einsam und traurig, hatte Mitleid mit sich selbst und seiner Situation, schimpfte auf seine Frau, die ihm das alles eingebrockt hatte, beschloß aber dann, nicht in Wut und Traurigkeit versinken zu wollen, sondern Heiligabend und den ersten Weihnachtstag tatsächlich als Festtag zu begehen. Darüber nachdenkend, wie es denn in den Jahren zuvor immer war, sah er auch, wie diese Tage bisher stets mit vielen äußeren Verpflichtungen angefüllt waren, manchmal regelrecht in Streß ausgeartet waren und daß vieles von dem, was Weihnachten schön machte, einfach nur das Gefühl war, nicht ganz ungeborgen und irgendwo zu Hause zu sein. Zum ersten Mal im Leben hatte er das Gefühl, jetzt wirklich Weihnachten zu feiern, einem winzig kleinen und verletzbaren Neubeginn Gestalt geben zu können, von dem er nur hoffen konnte, daß er trotz aller Widerstände wachsen und gedeihen würde. Er entschloß sich dazu, an Heiligabend etwas besonders Gutes für sich zu kochen und alleine bei Kerzenlicht und stimmungsvoller Musik zu essen. In seiner Wohnung hatte er einen Weihnachtsbaum aufgestellt, den er nachmittags schmückte. Ein kleines Geschenk hatte er sich auch gemacht: Er hatte sich etwas gekauft, was er schon lange haben wollte, was er aber nie angeschafft hatte, weil er fand, daß seine Frau es für nutzlos und teuer halten würde. Später am Abend ging er in die Christmette, um sich dann nach einem guten Glas Wein schlafen zu legen. Am nächsten Morgen rief er einige Freunde und Bekannte an, um ihnen Frohe Weihnachten zu wünschen, und traf dabei auch einige Verabredungen für Besuche in der kommenden Zeit. Gegen Mittag fuhr er weg und unternahm außerhalb seines Wohnortes einen langen Spaziergang. Am

Abend dieses ersten Weihnachtstages saß er lange am Schreibtisch, Tagebuch und Briefe schreibend, ganz für sich und bei sich zu Hause. Später berichtete er mir, daß es ihm gutgetan habe, so ganz bewußt für sich zu sein und dieses Fest wirklich zu begehen. Es sei durchaus anstrengend gewesen, und er habe aufpassen müssen, nicht ab und zu in Trübsal und Melancholie zu versinken, aber schließlich sei ein Familienfest am Weihnachtstag auch schon mal sehr anstrengend.

Zwei Beispiele, wie Menschen es in ihrer offenkundigen Not und Trauer gewagt haben, sich der Situation zu stellen und sich nicht dem »Untergang« preiszugeben. Beide haben etwas Neues erfahren, was es ihnen am Ende erleichtert hat, sich vom Vergangenen zu verabschieden und die ersten Grundsteine für einen Neuaufbau zu legen, indem sie »bei sich« geblieben sind. Sie sind nicht verlorengegangen, sondern haben mit einiger Anstrengung erfahren, daß es auch in ihrer Situation genug gibt, von dem man leben kann.

Zur Unterstützung

Abschied nehmen

Im Übungsteil dieses Kapitels, das den Abschied vom Vergangenen und von »ungelebtem Leben« zum Thema hat, möchte ich Ihnen eine Anleitung geben, sich in der Tat ganz bewußt von Dingen zu verabschieden, die dem Vergangenen angehören und die in dieser Form niemals wiederkehren werden. Sie brauchen dazu zunächst etwa eine Stunde Zeit, einen Schreibblock und einen Stift. Sorgen Sie – wie immer bei derartigen Übungen – für eine angenehme Atmosphäre und dafür, daß Sie nicht gestört werden. Sie sind jetzt einmal für eine bestimmte Zeit nur für sich da und ganz bei sich. Vielleicht können Sie sich dies auch ausdrücklich erlauben, ohne daran zu denken, was Sie vielleicht sonst noch alles verrichten müssen. Es geht um einen wichtigen Schritt in Ihrem persönlichen Leben: Sie wollen sich verabschieden. Schreiben Sie auf maximal drei Blätter oben den Satz: »Ich nehme heute Abschied von …« und ergänzen Sie dann den Namen einer Person oder einen Gegenstand oder Gedanken / ein Gefühl, von dem Sie sich verabschieden wollen oder verabschieden müssen, z. B. »Ich nehme heute Abschied von dem Haus, in dem ich so lange mit … gelebt habe.« Spüren Sie nach, wie sich vielleicht manches in Ihnen dagegen sträubt, diesen Satz aufzuschreiben. Wenn Sie jetzt klar das Gefühl haben, daß es für Sie noch nicht soweit ist, Abschied zu nehmen, brechen Sie die Übung ab und verschieben diese auf einen späteren Zeitpunkt in dem vollen Bewußtsein: Ich kann mich jetzt noch nicht von … verabschieden. Wenn Sie so ein, zwei oder drei Blätter mit einem Abschiedssatz beschrieben haben, nehmen Sie sich jedes Blatt noch einmal vor und ergänzen Sie darauf, wovon Sie sich implizit verabschieden, d. h. was alles damit im direkten und indirekten Zusammenhang steht. Im Beispiel vom Haus, in dem ich so lange mit … gelebt habe, könnte z. B. stehen: »Ich verabschiede mich vom Nachhauseweg nach der Arbeit; von dem Garten vor dem Haus; von den Kindern in der Straße; vom Geruch, der immer in der Wohnung hing; von meinem Zimmer, meinem Platz am Tisch« usw. Oder auch: »Ich verabschiede mich von dem Gefühl, eine intakte Familie zu haben; von der bisherigen Unversehrtheit meines Lebens; von dem Halt und dem Gefühl der Heimat, das mir dieses Haus gegeben hat.« Wichtig ist, daß Sie sich über alle Aspekte dieses Abschieds klar werden und dem nachspüren. Welcher Aspekt schmerzt am meisten? Greifen Sie genau diesen Aspekt heraus und versuchen Sie sich klarzumachen, daß dies jetzt so nicht mehr für Sie da ist.

Jetzt nehmen Sie zu jedem Blatt, das Sie beschrieben haben, ein zweites Blatt Papier und legen es neben das erste. Schreiben Sie auf dem zweiten Blatt auf, wo die einzelnen genannten Dinge jetzt ihren Platz haben oder vielleicht in Zukunft haben können. Dabei kann es auch sein, daß Sie zu dem Schluß kommen, daß manche Dinge jetzt (noch nicht? nie wieder?) einen Platz in ihrem Leben haben werden. In unserem Beispiel könnte auf dem zweiten Blatt vielleicht stehen: »Inzwischen habe ich eine kleine Wohnung. Sie gibt mir ein wenig Schutz und Geborgenheit. Ich komme nicht mehr regelmäßig zu festen Zeiten von der Arbeit nach Hause, aber ich habe mehr Zeit, mit Nachbarn und Bekannten zu reden. Ich bin viel mehr auf mich selbst angewiesen, aber ich fühle mich auch viel näher bei mir selbst. Für ... gibt es keinen Ersatz, und ich weiß nicht, was die Zukunft in dieser Hinsicht bringen wird. Ich will versuchen, mich langsam für neue Dinge zu öffnen.«

Sie wissen jetzt, wovon Sie sich verabschieden wollen, was dieser Abschied für Sie beinhaltet und was an die Stelle dessen gerückt ist. Der letzte Teil der Übung besteht nun darin, ein kleines Ritual für den Abschied zu bedenken und auszuführen, d. h. diesen Abschied auch tatsächlich in einer Geste zum Ausdruck zu bringen und darin zu vollziehen. Sie können – in unserem Beispiel – noch einmal ganz bewußt zu Ihrem früheren Haus gehen, mit dem festen Entschluß, Abschied zu nehmen. Sie gehen zum letzten Mal den Weg dorthin, atmen die Luft noch einmal ein, betrachten das Haus in allen Details und sagen laut oder leise: »Das war's, mach's gut, ade!« Es ist nicht kindisch, wenn Sie sich von einzelnen Dingen auch tatsächlich regelrecht verabschieden. Betrachten Sie den Weg und sagen Sie innerlich: Adieu, mein Weg, dich werde ich so nie mehr gehen usw. Diese Vorstellung mag Ihnen komisch erscheinen, aber Sie werden spüren, wie wohltuend und erleichternd es ist, wenn man solche Schritte ganz bewußt unternommen und »tat-sächlich« hinter sich gebracht hat. Andere Möglichkeiten sind z. B., daß man für eine Person, die nicht mehr erreichbar ist und die man innerlich loslassen muß, eine Kerze abbrennt. Natürlich hindert Sie auch niemand daran, dieser Person einen Brief zu schreiben und Ihre Abschiedsgedanken darin zum Ausdruck zu bringen. Sie können diesen Brief, falls er nicht zustellbar ist, in einer Schale verbrennen und die Asche an einem für Sie (beide?) wichtigen Ort ausstreuen – der Phantasie sind da wenig Grenzen gesetzt. Wichtig ist nur, daß Sie etwas zum Ausdruck bringen, ein Ritual vollziehen. Rituale helfen, den Abschied tatsächlich zu vollziehen.

Zum Nachdenken

Es folgen noch einige Fragen, die Ihnen möglicherweise helfen, all dem, wovon Sie sich verabschieden müssen, ein wenig mehr auf die Spur zu kommen.

- Was hatte ich (hatten wir) konkret noch vor?
- Was hätte ich (hätten wir) anders machen können?
- Was habe ich mir noch gewünscht?
- Wer oder was hat mir geschadet?
- Wen habe ich verletzt?
- Was war mir vorher wichtig – was ist mir jetzt wichtig?
- Was ist in meinem bisherigen Leben von meinen positiven Erwartungen (noch?) nicht eingetroffen?
- Was habe ich bislang versäumt?
- Wie sieht meine Geschichte aus, wenn ich sie mit den Augen eines anderen sehe und beschreibe?
- Mit wem und mit was fühle ich mich jetzt verbunden?
- Was würde sich für mich konkret ändern, wenn ich wüßte, daß mein Leben in der nächsten Woche aufhört?
- Was soll ein anderer am Ende meines Lebens über mich sagen?

5. Gähnende Leere

*Entscheidende Wandlung geschieht häufig
nicht durch angestrengte Aktivität, sondern
im Loslassen des eigenen Handelns.*[7]

Wenn man so nach und nach von Menschen und Dingen, die einem lieb und vertraut waren, Abschied genommen hat und weiter Abschied nimmt, einfach weil es nicht anders ging und es doch irgendwie weitergehen muß, dann entsteht nicht gleich etwas Neues: Das, was war, ist nicht einfach zu ersetzen. Was zurückbleibt, ist Leere. Nur zu gerne möchte man annehmen, daß sich mit der Lösung aus dem Vergangenen parallel auch eine neue Gegenwart und eine neue Zukunft auftäte. Das ist nicht so. Man befindet sich vielmehr in einem Hohlraum zwischen den Zeiten, zwischen Vergangenheit und einer möglichen Zukunft, und die Gegenwart ist nach wie vor von der Kahlheit des Verlustes geprägt.

Diese Leere ist völlig natürlich, sie zeugt davon, daß man sich wirklich vom Vergangenen losgelöst hat. Aber es ist nicht leicht, sie auch wirklich zuzulassen, ihr nicht auszuweichen oder sie voreilig mit nicht ausgereiften Dingen zu füllen. Ich kenne Menschen, die deshalb krank werden, Kopfschmerzen und Migräne bekommen oder noch Schlimmeres – im Grunde nur, weil sie diese Leere nicht aushalten können und unterschwellig »lieber« krank sind, als sich im luftleeren Raum zu befinden. Aber es ist wichtig und im Grunde unausweichlich, sich schrittchenweise und von Moment zu Moment dieser Leere zu stellen, sie zu erleben und sie auszuhalten. Denn was man jetzt erlebt, ist die (notwendige) Kehrseite einer neu entstehenden Freiheit, in der sich andere Perspektiven und bis dato völlig ungeahnte Möglichkeiten öffnen.

Diese Zwischenzeit ist eine Art Übergangsphase, in ihr kehrt sich der Blick vom erlittenen Verlust hin zu neuen Möglichkeiten. Wer dazu neigt, sich ohne solch eine Übergangszeit direkt in Aktivitäten oder in neue Beziehungen zu stürzen, wird bald enttäuscht feststellen, daß man dadurch nur die Leere verlagert, sie in die Aktivitäten oder Beziehungen einschließt, bis diese nach viel Anstrengung, Hoffnung und Enttäuschung zerbrechen und ihre Inhaltslosigkeit offenbar wird. Damit ist nicht gesagt, daß man in dieser Zeit nichts tun oder keinerlei Beziehung eingehen sollte. Gemeint ist lediglich, daß man sich dabei vom Tempo der eigenen Seele leiten lassen und nichts überstürzen und schon gar nichts erzwingen sollte, auch wenn es durchaus für die Zukunft real und lebbar erscheint. Jetzt ist noch nicht die Zeit für langfristige oder gar endgültige Entscheidungen, sondern eher für zeitlich und inhaltlich überschaubare »Zwischenschritte«. Mehr denn je gilt es jetzt, im Einklang mit der inneren Entwicklung zu bleiben: Schritt für Schritt, Tag für Tag, Stunde um Stunde. Auch längerfristig angelegte Bindungen in Beziehungen oder Arbeit oder was auch immer kann man z. B. durch zeitlich begrenzte Absprachen flexibler machen: »Ich probier's mal *für ein paar Monate, für ein Jahr*«, immer wieder schauend und spürend, was sich ereignet, was man dabei erfährt, ob es in die richtige Richtung weiterführt. Es hilft nichts, wenn man z. B. den fehlenden Lebenspartner schnell durch einen anderen »ersetzen« will; erst muß man selbst innerlich wieder frei werden, es muß ein Freiraum, ein Platz geschaffen werden, den ein anderer einnehmen kann, so wie er / sie ist, ohne gewollt oder ungewollt an einem anderen gemessen zu werden. Es führt auch nicht weiter, sich ohne diesen Zwischenschritt der Leere von einer früher vorhandenen Abhängigkeit von Menschen oder Dingen in etwas Neues, eine neue Bindung zu begeben, um sich aus der ersten einfacher lösen zu können – dann würde man die eine Abhängigkeit nur durch die andere ersetzen. Es fehlt dann ein Zwischenschritt, in dem die »Selbst-Ständigkeit« und damit die Entscheidungsfreiheit wächst. Leider stellen manche erst nach langer Zeit fest, daß sie diesen wesentlichen Zwischenschritt übersprungen haben. Dann fühlen sie sich plötzlich von innen heraus gedrängt, das eine oder andere nachzuholen. Manche versuchen auch in teilweise blinder Aktionswut Kontakte zu (re-)aktivieren oder alles Mögliche zu unternehmen oder sich an Arbeit zu berauschen, auch wenn es vielleicht nur Hobbyarbeit ist.

Noch einmal: Es ist nicht falsch, etwas zu unternehmen, Kontakte neu zu knüpfen oder vorhandene Kontakte neu zu beleben, aber langsam, Schritt für Schritt, immer wieder innehaltend, sich umschauend und beisteuernd. Nicht nur die äußere Situation hat sich verändert, es ist vor allem die eigene Identität, die nicht mehr sicher ist. Man ist sich selbst nicht völlig fremd geworden, aber oft weiß man einfach noch nicht genau, was man denn will, was einem wert und teuer ist, wie man sich in Beziehungen verhalten soll. Man kann sich in solch einer Phase noch nicht festlegen, auch wenn es für einen selbst und schon gar für den anderen Teil gleich welcher Beziehung meistens schwierig zu akzeptieren ist. Nach und nach wird auch diese Zwischenzeit übergehen in eine Zeit des Neuaufbaus, bei dem man übrigens bald erkennen wird, daß der Großteil des »Neubaus« sehr wohl mit den »alten« Steinen errichtet wird – aber soweit ist es noch nicht. Diese Zwischenzeit und die darin herrschende Leere darf (und im Grunde: kann) nicht überschlagen werden. Umgekehrt ist sie kein Selbstzweck, man kann nicht für immer in Unentschiedenheit und ohne festere Bindung verharren.

Oft genug lassen einem äußere Umstände nicht den nötigen Freiraum, sich einigermaßen unverbindlich zu verhalten. Wenn sich tatsächlich »Sachzwänge« auftun, dann ist es aber auch darin fast immer möglich, ihnen sachlich mit einem Minimum an langfristiger Festlegung und einem Maximum an möglicher Flexibilität zu begegnen. Wenn man z. B. aus irgendeinem Grund zwingend seine Wohnung verlassen und woanders hinziehen muß, so ist es ratsam, nicht gleich einen langfristigen Mietvertrag zu unterzeichnen oder eine Eigentumswohnung zu kaufen. Vielleicht kann man sich erst einmal einen Ort suchen, wo man z. B. über Verwandte oder Bekannte zumindest einigermaßen eingebunden ist, mit dem

Gedanken: »Es darf ruhig endgültig so werden, aber jetzt brauche ich das noch nicht zu entscheiden.«

Möglicherweise hat das Umfeld in der Anfangszeit der Krise mit Verständnis und Nachsicht reagiert, vielleicht sogar mit aktiver Unterstützung. Diese »Schonzeit« ist aber oft überraschend schnell vorbei. Daß man einen Verlust erleidet, in einer persönlichen Krise steckt oder es zeitweise einfach einmal schwer hat mit sich selbst und der Welt, ist für Außenstehende gleichsam eine einigermaßen klar umgrenzte und erkennbare Sachlage. Aber irgendwann »muß es doch mal vorbei sein damit«, »man kann sich doch nicht hängenlassen« oder »sich immer nur mit sich selbst beschäftigen«, »du wirst schon sehen, es geht mit der Zeit von selber weg«. Lassen Sie sich davon nicht irritieren oder gar unter Druck setzen. Vielleicht ist jetzt gerade die wichtigste und entscheidende Zeit in Ihrem Leben angebrochen. Sehen Sie in diesen Reaktionen eher ein Signal dafür, daß jetzt tatsächlich eine neue Phase beginnt, in der Sie um so mehr bei sich selbst und sich selbst treu sein müssen. Viele Menschen wissen einfach nichts von diesen Zusammenhängen, von der Wichtigkeit eines Zwischenschritts und der nötigen Begrenztheit in der Festlegung. Und noch etwas: »Die Zeit heilt Wunden«, sagt man so schön. Das stimmt nicht, die Zeit selbst heilt gar nichts. Das einzige, was heilt, ist die innere und äußere Krisenarbeit, die man in dieser Zeit erlebt und vollbringt. Von selbst geht alles nur in die Verbannung und Verdrängung – um dann in einem unerwarteten Augenblick zu einem völlig anderen Anlaß um so heftiger wieder aufzutauchen.

Wenn man sich in einer Krise befindet, dann zweifelt man leicht an sich selbst, an den eigenen Fähigkeiten, am eigenen Kontaktvermögen und anderen Dingen mehr. Es fehlt ein klarer Spiegel, in den man schauen könnte, man ist verunsichert, wie man denn jetzt vor anderen dasteht, wie man sich verhalten soll, ob andere einen mögen oder doch nur aus Mitleid tolerieren. Zugleich sind durch den erlittenen Verlust auch die Ansprüche an das Leben und z. B. an die Qualität von Beziehungen gestiegen. Man hat ja schon einmal verloren und steht damit eher skeptisch und kritisch neuen Möglichkeiten gegenüber. Diese Skepsis und Kritik trifft aber gerade auch einen selbst: Man wird unsicher, denn die Art und Weise, in der man sein Leben bislang geführt hat, hat schließlich zu dieser unheilvollen Entwicklung geführt. Auch wenn dieser Gedanke oft aberwitzig erscheinen mag und man kaum oder gar nicht von eigener Schuld sprechen kann, so nagt er doch im Gemüt weiter, völlig irrational, als ein geheimes, bohrendes Gefühl, das man gleichsam im Hinterkopf mitträgt. Das Selbstwertgefühl ist dadurch arg angeknackst, man erfährt sich mit Blick auf die Vergangenheit als gescheitert.[8] Dann sind kleine Schritte und kleine Erfolgserlebnisse wichtig. Man muß in mancher Hinsicht gleichsam noch einmal von vorne anfangen und wie ein Kind, das laufen lernt, immer wieder aufstehen, ein paar Schritte machen, sich an etwas stoßen, hinfallen und wieder aufstehen, bis es nach und nach immer besser geht und man sich immer ein kleines bißchen mehr fortbewegen kann. Es ist ein sehr schwieriger Weg dorthin, den eigenen Wert nicht an dem zu bemessen, was man tut, sondern an dem, was man *ist*. Wenn man einen Menschen fragt, ob er seinen Wert kenne und was er denn meine, was ihn für andere wertvoll mache, dann bekommt man in der Regel eine Vielzahl von Antworten, die *ein* Ding gemeinsam haben: Sie beginnen allesamt mit der Wendung »ich kann …« oder »ich habe …«. Das, was man kann oder hat, darauf stützt sich unser ganzes Selbstwertgefühl, immer bedacht darauf, Aufmerksamkeit und Bewunderung zu erlangen. Anders ist es, wenn man jemanden fragt, was denn einen anderen Menschen für ihn wertvoll mache. Da bekommt man merkwürdigerweise ganz andere Antworten, die viel mehr auf der Ebene dessen gelagert sind, was ein Mensch *ist*, was er oder sie für einen darstellt. Das, was man *kann* oder *hat*, ist eine sehr wackelige Basis für das eigene Selbstwertgefühl. Verluste und Krisen bringen es an den Tag, wie wenig solch ein Gerüst von *Können* und *Haben* standhält.

Im nächsten Kapitel werde ich näher darauf eingehen, was einem in dieser Situation Halt geben kann. Jetzt gilt es erst einmal, sich der Kahlheit, dem Verlustgefühl, dem schwankenden Selbstwert, der Leere der Situation zu stellen.

Kurz ein Vergleich: Wenn von einem Baum durch ein Unwetter oder durch Blitzeinschlag ein tragender Ast abbricht oder wenn von zwei Bäumen, die ganz nahe nebeneinander stehen, so daß sie aus einem gewissen Abstand betrachtet eine einzige gemeinsame Krone gebildet haben, der eine Baum plötzlich gefällt wird, dann ist an dem, was zurückbleibt, etwas völlig kahlgeschlagen, ungeschützt, ganz und gar aus den Proportionen geraten. An den Abbruchstellen bildet der Baum schützende Säfte, er »weint«, aber er ist nicht mehr derselbe Baum wie vorher. Die kahle Seite ist Wind und Wetter ausgeliefert, und erst im Wechsel der Jahreszeiten bilden sich dort neue Blätter und neue Triebe, grüne Zweige, die aber erst noch tragfähig werden müssen.

So fühlt man sich »amputiert«, »angeknackst«, seiner selbst beraubt. Alles Schöne, Ruhige, Kräftige ist weg, und man zweifelt an der eigenen Standfestigkeit. Aber auch in diesem Vergleich wird klar, daß die eigene Standfestigkeit, der eigene Stamm nicht angegriffen ist – es ist »nur« das Gleichgewicht völlig zerstört, manchmal derart, daß sich solch ein Baum zu einer Seite hin neigt. Aber der erlittene Verlust an sich trifft nicht den eigenen Stamm, die eigene »Selbst-Ständigkeit«. Es ist wichtig, das zu wissen – auch wenn man sich oft so fühlt, als hätte man selbst keine Chance mehr, aufrecht stehen zu bleiben. »Ich habe das Gefühl, als würde ich mir selbst fehlen«, hat mir einmal jemand gestanden, der sich in einer solchen Situation befand. Genauso ist dieses Gefühl, denn man fehlt sich tatsächlich selbst, die eigene Identität ist völlig erschüttert – zumindest in wichtigen Bereichen –, aber nicht alles ist verloren, auch wenn dies in manchen Augenblicken anders erscheinen mag.

Eine Lebenskrise ist wie eine große Erschütterung, ein regelrechtes Erdbeben. Das kann einem tatsächlich das Gefühl geben, daß der Boden unter den Füßen wegrutscht. Erst später wird deutlich werden, was »übrig« ist, alle Elemente sind durcheinander geraten, alles ist aus den Fugen und muß sich eben wieder neu fügen und zum Teil auch neu wachsen. Es ist nicht leicht, das auszuhalten und diesen langen Weg zu gehen, aber es ist das einzige, was zu tun übrigbleibt, will man sich nicht in Illusionen verlieren. Die Zeit der Leere ist ein Schule der Desillusionierung, sie entlarvt immer wieder Dinge, die nicht echt sind, die nur scheinbar Halt geben und die im Ernstfall nicht standhalten. Der Ernstfall ist jetzt.

Hier möchte ich noch einmal auf die beginnende Aufarbeitung der Eigenanteile zurückkommen: Der Weg durch die Lebenskrise ist auch ein Weg, der eigene Grenzen, eigenes Unvermögen und nicht selten auch eigene Schuld offenbar werden läßt. Es ist einfach nicht wahr, daß es immer nur »die anderen« sind, die einen dorthin bringen. Selbst bei einem Beziehungsabbruch, bei dem die Schuldfrage augenscheinlich klar auf einer Seite lastet, gibt es in tieferen Schichten auch auf der anderen Seite Anteile am Lauf der Dinge. Wenn man in Beziehung zu Menschen lebt, wird man schuldig; eine reine Unschuld ist in der Realität des Alltags für nahezu jeden Menschen eine Illusion. Auch wenn die Krise durch den plötzlichen Tod eines nahestehenden Menschen ausgelöst worden ist, kann man jetzt bilanzieren und Eigenanteile erkennen. Vieles läßt sich nicht wieder rückgängig machen, und man kann nichts anderes tun, als sich diese Dinge so genau wie möglich anzuschauen, so daß man daran lernt, daran verändert. Wer in eine Lebenskrise gerät, hat seine Unschuld verloren, und es gibt keine noch so liebe »Mama«, die jetzt über die Wunden pustet und sagt: »Alles ist wieder gut.« Dagegen kann es – wie im vorigen Kapitel angeführt – sehr viel helfen, wenn man sich seine Schuld eingesteht und sie nach außen bringt, d. h. sie bekennt und soweit möglich auch in seinen Konsequenzen auf sich nimmt. Wenn der Zugang zu den direkt Betroffenen aus irgendwelchen Gründen nicht mehr gegeben ist, kann man auch quasi stellvertretend mit jemand anderem darüber sprechen und um Vergebung bitten. Im Gegensatz zu dem bekannten Ausspruch »vergeben und vergessen« bedeutet Vergeben gerade nicht Vergessen, sondern es bedeutet, sich die Dinge sehr genau anzuschauen und dann gemeinsam zu (er-)klären, daß die entstandene Schuld nicht entscheidend für das weitere Leben ist. Sie soll nicht weggewischt, sondern aus dem Weg geräumt werden. Das bedeutet, daß man sie loslassen kann und darf, daß sie vergeben und das weitere Leben von dieser Last freigesprochen wird. So erst, im Anerkennen, Auf-sich-Nehmen und Vergeben der Schuld, kann eine positive, »erwachsene« Entwicklung in Gang gebracht werden. Ein solcher »Freispruch« kann ein Meilenstein oder gar ein Wendepunkt in der Krise sein, aber er hat nur dann Sinn, wenn er zu Wachstum und größerer Verantwortung führt, also weder ein »billiger« noch ein »strafender« Freispruch ist.

Ich möchte noch einmal kurz auf das Thema zurückkommen, das ich bereits im Zusammenhang mit dem »ungelebten Leben« angerissen habe. Unerfüllte Erwartungen spielen nämlich nicht nur im Blick auf die (jetzt so nicht mehr vorhandene) Zukunft eine wichtige Rolle. Es lohnt sich, auch einmal das zu betrachten, was im nun vergangenen, hinter einem liegenden Leben *nicht* geschehen ist. Solche sogenannten *Nicht-Ereignisse* [9] sind vielfach unterschwellig bestimmend für den gesamten Verlauf des Lebens. Gemeint sind Dinge, die man sich erträumt hat und die unerfüllt geblieben sind, oder Enttäuschungen, die man erlebt hat, oder auch private bzw. berufliche Ambitionen, die man hatte und die man irgendwann aufgeben mußte. Nicht selten untergraben solche Nicht-Ereignisse unterschwellig das Selbstbewußtsein, führen zu einer enttäuschten Grundstimmung, ohne daß man sich wirklich bewußt ist, wo diese Stimmung herkommt. Man »findet sich ab« damit, daß es so ist, wie es ist – was in vielen Fällen heißt, daß man nicht klärt, was mit diesen Träumen und Erwartungen gemeint ist und wie die darin enthaltenen Energien in eine andere Richtung gelenkt werden können, um fruchtbar zu werden, sondern daß man sie verdrängt und still weiter mit sich trägt, wobei sie das Selbstbewußtsein aushöhlen wie ein steter Tropfen, der immer wieder auf die gleiche Stelle fällt. Eine Lebenskrise gibt die Möglichkeit, sich mit diesen Nicht-Ereignissen intensiv auseinanderzusetzen und erneut aufblühen zu lassen – in eine etwas andere Richtung.

Ein junges Ehepaar hatte vom Arzt zu hören bekommen, daß es kinderlos bleiben würde, woran auch medizinische Eingriffe nichts mehr ändern könnten. Dies hatten die beiden jungen Leute augenscheinlich recht schnell »verarbeitet«. Beide lenkten ihre Energie verstärkt auf den beruflichen Einsatz, sie gönnten sich manchen Extraurlaub und lebten auch miteinander ganz zufrieden. Bis plötzlich eine sehr wohlgemeinte Einladung zum Anlaß für den Sturz in eine tiefe Krise wurde: Sie waren von Freunden als Paten für ein Kind gewählt worden. Plötzlich wurde ihnen klar, wie sehr sie beide unter der Kinderlosigkeit gelitten hatten, was sie bislang aber nur oberflächlich und nüchtern-rational miteinander besprochen und bearbeitet hatten: Der sachliche Tatbestand war ihnen bewußt gewesen, und sie hatten mit dem verstärkten Engagement in der Arbeit eine sachliche Antwort darauf gefunden. Was sie nicht ins Auge gefaßt hatten, war ihre tiefe Enttäuschung und Verletztheit, die die Mitteilung des Arztes damals in ihnen gefühlsmäßig ausgelöst hatte. Plötzlich wurden sie jeder für sich und beide zusammen von einer Welle der Enttäuschung erfaßt, die sich sehr bald auf ihre gesamte Biographie ausdehnte. Sie kamen an den Rand einer Scheidung, weil ihr Lebenstraum innerlich doch der alte geblieben war. Sie hatten so, obwohl es ihnen durchaus gut ging, ganz still und zum Teil auch völlig unbewußt, Enttäuschung auf Enttäuschung gehäuft. Es dauerte sehr lange und bedurfte vieler Gespräche mit einem seelsorglichen Berater, bis sie – jeder für sich und erst danach auch gemeinsam – emotional soweit waren, daß sie einen Neubeginn wagten, in dem sie sich aufs Neue gegenseitig für sich entschieden.

Solch eine völlige Umwälzung und Umordnung der Lebensträume ist schwer zu vollziehen, denn man löst sich nicht leicht davon, man ist schnell geneigt, anderen die Schuld dar-

an zu geben und damit letztendlich darin zu verharren und zu
erstarren. Das gilt auch dann, wenn sogenannte »kleine« Enttäuschungen in der Partnerschaft vorliegen, die von roman-
tisch-idealisierten Erwartungen geprägt sind. Das allein kann
eine Lebenskrise auslösen. In einer solchen Krise muß man
dann lernen, die in anfänglicher Verliebtheit hochgesteckten
Erwartungen als »Durchblicke«, als eine Vision auf das hin
zu betrachten, was an Möglichkeiten in dieser Beziehung
steckt, was als Dauerzustand utopisch und damit im Alltag
illusorisch, als Antriebskraft aber nutzbar ist.
Die Lebenskrise ist dann eine – wenn auch ungewollte – Ge-
legenheit(!), eine positive Wende zu vollziehen. So ist es
durchaus möglich, einen einmal erstellten Lebensentwurf –
wobei es nicht viel ausmacht, ob dies damals bewußt oder unbewußt geschehen ist – zu revidieren, gleichsam neu zu
schreiben oder umzuschreiben. Das ist nicht gleichbedeutend
mit Aufgeben oder Resignieren, sondern einerseits ein Eingehen auf die Realität und ein Beispiel für die »Kunst des
Möglichen«, zum anderen aber auch ein Weg, vielleicht der
einzig fruchtbare, um die wesentlichen Elemente und trei-
benden Impulse des Lebensentwurfes am Leben zu erhalten
und vor dem Untergang zu bewahren. Es ist nicht gut, mit
dogmatischem Starrsinn (auch wenn es sich bei solch einem
»Dogma« um ein Gefühl handelt) an dem festzuhalten, was
man sich in einer früheren Lebensphase erträumt hat. Ein
neuer Lebensentwurf wird vielleicht andere Prioritäten haben, wird in seinen Zielvorstellungen und in der Wahl der
Mittel der Realität mehr angepaßt sein, aber er bedeutet keine
Selbstaufgabe, sondern eine neue, (über-)lebensfähige Übersetzung des ursprünglich Erhofften und Erstrebten. Die
wirklich wesentlichen Dinge gehen nicht verloren, auch wenn
sie jetzt noch im Einzelfall utopisch erscheinen mögen. Lassen Sie sich Ihre Sehnsucht und Ihre Träume nicht nehmen –
aber geben Sie ihnen eine *reale* Lebenschance!

Entspannung

Was kann Sie in dieser Zeit der »gähnenden Leere« unterstützen? Wenn Sie sich entschlossen haben, dieser Leere nicht aus dem Weg zu gehen, sondern sie zu durchleben, dann ist es erneut wichtig, sich klar zu machen, daß Ihre Seele zur Zeit Schwerstarbeit verrichtet, auch wenn dies eine andere Art der Arbeit ist als das, was man für gewöhnlich darunter verstehen mag. Wichtig ist also alles, was diese Seelenarbeit unterstützt: Entspannungsübungen (z. B. autogenes Training, Jacobsen-Training o. ä.); das Lesen von Büchern, der Besuch von Vorträgen, die sich mit der anstehenden oder einer verwandten Thematik befassen; Gespräche mit Personen, die Erfahrung in dieser Hinsicht haben. Mit anderen Worten: Alles, was Sie innerlich beruhigt und zugleich »am Ball«, d. h. am Thema bleiben läßt. Dazu kommt, daß man sich selbst – nicht wenige müssen dies überhaupt erst einmal lernen – ab und zu auch einfach einmal etwas Gutes tun sollte, sei es durch ein besonders gutes Essen, einen Kino- oder Theaterbesuch oder einen kurzen Erholungstrip am verlängerten Wochenende oder was auch immer. Wichtig ist nur, daß es sich um eine bewußte Aktion handelt, die man dann auch voll und ganz ausschöpft und genießt. Vor allem Menschen, die viel oder fast ausschließlich für andere gesorgt haben, müssen erkennen und lernen, daß »Sorge für sich selbst« kein zu verurteilender Egoismus ist, sondern eine grundlegende Voraussetzung dafür, auch anderen (wieder) Gutes zu tun.
Die Zeit der Leere ist, auch wenn sie nicht klar abgrenzbar ist, sondern sich immer wieder einmal »meldet«, die Zeit des Übergangs, hin zu einem neuen Lebensaufbau. Das bedeutet, daß Sie noch viel vor sich haben, wahrscheinlich (hoffentlich) weniger mit Katastrophen, die auf Sie einstürzen, dafür mit mehr Anstrengungen und Widerständen von außen und von innen.

Mangel

Als zweites möchte ich Ihnen einen Gedanken nahelegen und zum Überdenken geben: Viele Menschen, die meisten vielleicht, erfahren die Welt, ihre Umwelt, die tagtäglich auf sie zukommt, in der Grundtendenz als etwas Bedrohliches, gegen das man sich auf alle möglichen Arten absichern muß. Sie häufen Geld an, schließen Versicherungen ab, suchen Arbeit mit festem Gehalt, bauen sich ihr Heim, ihr »castle«, legen Vorräte an, sind »vor«-sichtig, sehen sich vor. Das mag alles seine Berechtigung haben, es mag gut sein oder nicht, egal. Aber entscheidend ist, daß dies alles die Welt als einen »Mangel« betrachtet, dem es zu begegnen und den es zu beseitigen gilt. Aber die Welt ist nicht »Mangel«! Im Gegenteil, von ihrer Art her ist die Welt, die Erde, auf der wir leben, »Gabe«, »Geschenk«. Man bekommt auch heute das, was man nötig hat.

Mit einem Blick auf die Entwicklung in der Dritten Welt mag man diesen Gedanken als unrealistische und romantische Spinnerei abtun. Aber auch das stimmt nicht. Wir haben die Welt tatsächlich in mancher Hinsicht aus den Angeln gehoben – dies aber ist eine Folge dessen, daß wir meinen, uns ständig gegen Mangel versichern zu müssen, woraus über Rivalität und Unterdrückung eine ungerechte Verteilung entspringt.

Eine kleine Übung vor diesem Hintergrund: Versuchen Sie doch einmal eine Woche oder einen Tag oder auch nur eine Stunde lang, die Welt mit anderen Augen zu sehen: nicht als Mangel und Bedrohung, sondern als einen Ort, an dem Sie genau das bekommen, was Sie nötig haben, zu jedem Zeitpunkt. Sie werden kaum glauben, wieviel »versichertes« Leben auf einmal frei wird! Und übrigens: Wessen können wir uns wirklich versichern – was davon ist nicht einfach Illusion?

Auch im Zweiten (dem »neuen«) Testament, in der Bergpredigt, ist die Rede von der »Sorge« um das, was man braucht (Mt 6, 19–34)[10]. Da spricht Jesus von den Vögeln und von den Lilien: Sie säen nicht, sie ernten nicht und sammeln keine Vorräte in Scheunen … Könnte es sein, daß er so etwas meint wie: Betrachtet die Welt nicht als Mangel, sondern als Gabe? Nicht um in einem anachronistischen Kurzschluß alle Versicherungen zu kündigen und die feste Anstellung gleich dazu, sondern um es wie ein Samenkorn ins Herz einzulassen: Die Welt ist nicht bedrohlich, du brauchst nicht zu verteidigen, nicht zu raffen, du brauchst keine Angst zu haben ... »Kümmert euch zuerst um Gottes Reich und seine Gerechtigkeit, alles andere wird euch dazugegeben« – nicht als ein moralisch drohender Zeigefinger, der noch mehr Leistung erwartet, sondern als Einladung, sich nicht auf die Perspektive des Mangels einzulassen, sondern zu vertrauen, daß man bekommt, was man wirklich braucht, daß »die leere Hand gefüllt wird« oder anders herum: daß die Hand leer werden muß, um gefüllt werden zu können. – Ich möchte Sie mit dieser Übung dazu einladen, eine solche andere Perspektive einmal zuzulassen, und sei es auch nur für eine begrenzte Zeit. Sie werden sehen, daß Ihnen die Welt, Ihr eigenes Umfeld plötzlich in einem ganz anderen Licht erscheint.

Frage

Es tut nach meiner Erfahrung gut, für sich selbst einmal auf verschiedenen Ebenen – sowohl materiell als auch im Bereich der Beziehungen, des geistigen Lebens, der eigenen Inspiration – ganz ehrlich die Frage zu beantworten: Was brauche ich wirklich?
Es lohnt sich auch, sich einmal einen Tag oder eine Woche lang wirklich auf das zu beschränken, was man wirklich braucht, um so sein Leben äußerlich wie innerlich von Überflüssigem zu befreien. Das entspricht durchaus dem Sinn der in mehreren Religionen auf unterschiedliche Art ausgefüllten Fastenzeit.

Zwischenbilanz

Die Zeit der Leere bietet auch die Gelegenheit zu einer Inventarisierung. Es hat sich als hilfreich erwiesen, wenn man sie über mehrere Tage hinzieht und sich mit den folgenden Fragen auf verschiedenen Ebenen auseinandersetzt.

- Worin besteht meine berufliche Basis im Moment?
- Entspricht sie meinem Verlangen, meinem Lebensauftrag, meiner Überzeugung?
- Wer oder was gehört wesentlich zu meinem Leben?
- Was möchte ich (beruflich, privat) erreichen?
- Was hat sich in der Vergangenheit als zuverlässig erwiesen?
- Worauf kann ich bauen?
- Was sind meine wichtigsten Überzeugungen?

Verirrte Schafe?

Zum Abschluß dieses Kapitels noch ein kurzer biblischer Text, den ich zum besseren Verständnis zunächst einleiten möchte. Es handelt sich um einen Vergleich. Haben Sie in dieser Phase Ihres Lebens oft das Gefühl, daß der liebe(?) Gott sich gar nicht für Sie interessiert, daß er gar nicht da ist, geschweige denn für Sie? Als ob die ganze Welt nichts mehr mit Ihnen anfangen könne – und Sie selbst auch nicht?

Biblisch heißt das: Sie laufen umher wie ein »verirrtes Schaf«. Möglicherweise kennen Sie den Ausdruck vom »verlorenen Schaf« aus Predigten von der Kanzel, in denen ängstlich moralisierend davon gesprochen wurde, daß man nur ja dafür sorgen solle, bei der Herde zu bleiben, man solle nur ja nicht ausbrechen – und damit schön bei der Stange bleiben. Vergessen Sie solche Auslegungen! Der Vergleich mit dem verlorenen Schaf soll keine Angst machen, sondern Mut!

In Ihrer Lebenskrise werden Sie den Sinn dieses Textes ganz neu erschließen. Denn Sie haben sich – durch die Umstände, die auf Sie eingestürzt sind, oder auf der Suche nach Leben, nach Orientierung, nach echter Nahrung, die den Hunger wirklich stillt, nach Möglichkeiten des blanken Überlebens oder warum auch immer – fortbewegt, und zwar im doppelten Sinne »fortbewegt«: Sie sind *weg*gegangen, abgekommen von den anderen, und Sie haben sich *voran*bewegt. Sie sind aus der »Herde« ausgerissen und finden sich plötzlich allein auf weiter Flur, von »Gott und der Welt« verlassen, wobei es erst einmal überhaupt keine Rolle spielt, ob Sie selbst daran »schuld« sind oder nicht. Der Vergleich mit dem verlorenen Schaf sagt ganz einfach: Ja, so ist es, das gibt es, daß Menschen ihre Orientierung, ihre innere Führung, ihren »Hirten« verlieren. Aber solche Menschen, die sich verloren fühlen, werden von Gott nicht aufgegeben, ihnen ist nicht für immer und ewig der Zugang zur Liebe, zu echtem Glück verwehrt, auch wenn sie selbst das so empfinden. Gott gibt keinen Menschen auf! Er wartet auch nicht irgendwo mahnend und drohend in einer Ecke darauf, daß der Mensch ihn wiederfindet, sondern er macht sich selbst auf den Weg, um in diesem Menschen erneut zum Durchbruch zu gelangen. Das ist keine Erfindung oder eine billige Vertröstung, es handelt sich ja nicht um irgendeine Geschichte, sondern um die Erfahrung vieler Menschen durch viele Generationen hindurch. Die Erfahrung all dieser Menschen in kritischen Situationen, in Momenten der Krise, hat – im nachhinein – gezeigt, daß es so ist, und sie haben diese Erfahrung weitergegeben, damit andere den Mut nicht verlieren. Sie sollen wissen, daß dann, wenn sie sich total verloren fühlen, bereits jemand nach Ihnen sucht.

Was meint ihr? Wenn jemand hundert Schafe hat und eines von ihnen verirrt sich, läßt er dann nicht die neunundneunzig anderen auf den Bergen zurück und sucht das verirrte? Und wenn er es findet – Amen, ich sage euch: Er freut sich über dieses eine mehr als über die neunundneunzig, die sich nicht verirrt haben. So will auch euer himmlischer Vater nicht, daß einer von diesen Kleinen verlorengeht. (Mt 18, 12–14)

Vielleicht fragen Sie sich jetzt: Wenn Gott denn so viel Sorge um uns Menschen hat, hätte er dann nicht verhindern können, daß das geschehen ist, was mich in diese Lage gebracht hat? Hätte er nicht unsere Beziehung instandhalten können? Hätte er mich nicht einfach vor dem Unheil, der Krankheit, der Trennung, der Entlassung bewahren können? Hätte er nicht dafür sorgen können, daß sie (er) noch lebt? – Diesen Fragen liegt das Bild eines »allmächtigen« Gottes zugrunde, eines Gottes, der die Welt regiert, dem Macht gegeben ist, zu tun und zu verhindern, was er für sinnvoll hält, und es ist einzig ein Mangel an Einsicht in das göttliche Wesen, daß wir den Sinn des Geschehens nicht begreifen. Dieses Bild hat ausgedient! Dies ist nicht *Gottes* Allmacht. Mit Gottes Allmacht ist eher so etwas wie die »Macht der Liebe« gemeint, von der man zu Recht behauptet, daß sie zu allem fähig, zu allem »mächtig« ist. Sie kann nicht verhindern, daß die Dinge so laufen, wie sie laufen, aber sie kann in *jeder* Situation einen Weg weisen, den zu gehen Sinn hat. Liebe gibt nicht auf, niemals und niemanden!

Ich habe sehr oft am Bett von sterbenskranken und unheilbar chronisch kranken Menschen gesessen und habe überlegt, warum Gott so etwas zuläßt, wo er denn jetzt ist, da dieser Mensch hier vor mir liegt – und immer habe ich erfahren, daß Gott nicht in diesem Sinne *über* den Dingen steht, daß er nicht wie ein Weltenherrscher regiert, sondern daß er *in* den Dingen und Situationen da ist als einer, der sich solidarisiert, der keinen aufgibt. Allmachtsphantasien sind wohl eher die Sache mächtiger Menschen – Gott hingegen scheint mir eher klein und liebevoll zu sein. Er kümmert sich um Menschen. Er kommt nicht mit dem Zauberstab, sondern setzt sich zu diesem kranken Menschen mit ans Bett, will ihm nahe sein, ihn trösten auf seinem (souveränen) Weg, den er als Mensch für sich zu gehen hat. Die Macht der Liebe ist eine ganz andere, eine »*kleine*« Allmacht!

Vielleicht können Sie einfach einmal ein wenig blind (so klar sehen Sie ja nun tatsächlich nicht im Moment) darauf vertrauen, es gleichsam als eine Arbeitshypothese aufnehmen, daß Gott Sie sucht, zu Ihnen unterwegs ist und daß Sie in dieser Hinsicht nichts weiter zu tun brauchen, als so ehrlich und wahr wie möglich Ihren Weg zu gehen. Wenn Sie das tun, werden Sie immer in Seinen Armen landen – auch wenn man das erst in dem Moment spürt, in dem es so ist.

6. Halt finden

De noce iremos,
solo la sed nos alumbra.[11]
(Mitten im Leben ziehen wir los,
nur der Durst erleuchtet unseren Weg.)

Schritt für Schritt sind wir, sind Sie den Weg gegangen, wohl nicht zuletzt deshalb, weil es dazu keine brauchbare Alternative gab. Es hat eine Zeit des radikalen Abbruchs gegeben, des augenscheinlichen Niedergangs, in dem aber von Anfang an auch der Kern eines Neubeginns steckte, auch wenn der nicht gleich sichtbar war. Am Ende gab es einen Moment der Leere, den es auszuhalten galt (und immer wieder auszuhalten gilt), der, insgesamt betrachtet, die Vorbereitung für einen neuen Anlauf war. »Anlauf«, das klingt sehr dynamisch, sehr stark, sehr zielgerichtet und bestimmt. So ist es aber gar nicht, wenn man mitten in der Krise ganz allmählich so etwas wie eine aufbauende Bewegung verspürt; wenn man das Gefühl hat, daß das Schlimmste jetzt hinter einem liegt, daß es eine Wende gegeben hat – man traut sich das Wort kaum in den Mund zu nehmen, vor lauter Angst davor, daß man wieder »zurückfallen« könnte. Erst später werden Sie sehen, daß dies tatsächlich eine Anlaufphase ist, daß in diesem zögerlich-ängstlichen Vermuten eine große Dynamik steckt. Ein Anlauf dient dazu, Schwung zu *bekommen* – wenn man ihn schon hätte, könnte man sich den Anlauf ersparen! Es ist tatsächlich eine neue Phase, in die Sie jetzt eintreten. Allerdings geht dieser Anlauf nicht mit einem triumphalen Gefühl der Überwindung des Vergangenen einher, sondern in aller Regel mit einer gewaltigen Angst, und es ist wichtig, sich diese Angst einzugestehen, sich mit ihr auseinanderzusetzen.

Die Auseinandersetzung mit der Angst

Was gibt es eigentlich noch zu verlieren? – Trotzdem, auch wenn man sich dies vorhält, so ist die Angst doch da, oft gar nicht so bewußt, aber manchmal übermächtig, lähmend. Dann ist es, als ob der kleine Mensch in unserem Innern, über den ich im dritten Kapitel einiges gesagt habe, bei jedem Schritt, den man vorangeht, protestiert, oft beim geringsten Anlaß, immer wieder. Der kleine Mensch schreit, er will nicht mehr, er ist müde, möchte sich die Bettdecke über den Kopf ziehen, er will in den Arm genommen und getröstet werden – und man tut gut daran, sich dies klar zu machen und innerlich selbst den kleinen Menschen in den Arm zu nehmen und einige Zeit zu wiegen, bis es wieder geht. Es ist oft so, daß niemand anderes das tut, man muß es selbst tun, die Angst und Lähmung überwinden, indem man innehält, in sich hineinhört und Verständnis mit dem kleinen Kind im Innern hat. Mit Gewalt und mit »darüberstehendem« Ignorieren ist auf Dauer gar nichts zu machen – oder man tappt eben genau in die Falle, die ein Teil der Lebenskrise ist: die Unterdrückung der nicht gewollten, nicht akzeptierten Kräfte.

Angst wovor? – Einmal ist da eine diffuse Angst, kaum greifbar, eine Art grundlegende Lebensangst, die gerade in dem Moment wieder aufkommt, wo man so langsam bereit ist, sich wieder auf den Weg zu machen. Etwas in mir will nicht erwachsen werden, scheut zurück vor einem Weg, der ja schon einmal in eine mehr oder weniger große Katastrophe geführt hat. Es handelt sich wohlgemerkt um ein *Gefühl* der Angst, das mit Einsicht allein nicht zu vertreiben ist. Es ist besser, dieses Gefühl da sein zu lassen, es gleichsam aufzufangen, zu »wiegen« und nach und nach zu beruhigen, als es mit Verstand und Ungeduld zu unterdrücken. Diese diffuse Lebensangst wird immer wiederkommen, wenn sie nicht durch schrittweisen Vertrauensaufbau abgelöst wird. Vertrauensaufbau ist ein langer Weg.

Zum andern ist da auch die Angst, die aus einer Unsicherheit, einem Nicht-Wissen resultiert. Der Neuaufbau ist ja tatsächlich ein Aufbruch in unbekannte Gefilde, es gibt noch wenig klar umrissene Konturen, auch dann, wenn man im äußeren Bereich vielleicht die eine oder andere skizzierbare Vorstellung oder Zielvorgabe hat. Es kann durchaus eine Zeitlang ablenken und beruhigen – auch das ist legitim, manchmal sogar nötig –, wenn man in irgendeinem »Tat-Bereich«, d. h. auf einem abgesteckten Feld, wie z. B. im Beruf, bestimmte Ziele entwickelt und ihnen mit viel Einsatz nachstrebt. Aber entscheidend ist der *innere* Neuaufbau; der bestimmt letztendlich das Tempo!

Ein drittes Element der Angst hängt eng mit dem Gefühl der Heimatlosigkeit zusammen, dem Gefühl, daß man innerlich (oft genug auch äußerlich) nicht mehr weiß, wo man hingehört, sich gleichsam entwurzelt fühlt und erst einmal wieder irgendwo seßhaft werden muß, wenn auch vielleicht wieder nur vorläufig. Das innere Gleichgewicht jedenfalls ist sehr gebrechlich und die Angst vor dem Umfallen daher sehr groß.

Wichtig ist es, sich diese Ängste überhaupt erst einmal einzugestehen, sie nicht zu ignorieren, sondern sie im Gegenteil regelrecht zu erforschen. Man überwindet ein Hindernis nicht, indem man seine Existenz ignoriert. Solche inneren Hindernisse begleiten uns so lange, bis wir sie erkennen, sie aufnehmen und nach und nach abtragen, klären. Wenn dies nicht geschieht, wachsen sie, während sie uns still begleiten, um dann zu irgendeinem Zeitpunkt um so stärker hervorzubrechen. Das Ignorieren oder gewaltsame Unterdrücken der Angst bereitet so im Grunde schon die nächste Katastrophe vor.

Was also tun mit der Angst? Zwei Dinge habe ich bereits genannt: Zunächst das Anerkennen (und oft regelrechte Erforschen) dieses Gefühls: Wovor habe ich konkret Angst? Wo kommt sie her? Woran erinnert sie mich aus früherer Zeit? usw. So kann man der Angst auf den Grund gehen, auch wenn dieser Grund meistens ein völlig irrationaler sein mag; aber er ist doch real. Das zweite ist das Aufnehmen der Angst, das verständnisvolle, beruhigende »Wiegen« in den Armen. Das Ziel ist nicht, die Angst zu beseitigen, »angstfrei« zu werden – das ist eine Illusion von Menschen, die nie gelernt haben, auf sich selbst und auch auf ihre Ängste zu hören. Angst hat auch sehr viel Positives, z. B. warnt sie uns vor Gefahren und verhindert ein überhitztes Vorgehen. Es geht darum, die Angst in uns zu »zähmen«, sich mit ihr vertraut zu machen, mit ihr umzugehen und sie zu einem »Vertrauten«, einem Verbündeten werden zu lassen. Unterdrückte Angst führt früher oder später zu Gewalt, wenn sie nach außen gekehrt wird, bzw. zu Depressionen, wenn sie nach innen umschlägt.

So wichtig es ist, auf die eigene Angst zu hören, sie kennenzulernen und aufzunehmen, so wichtig ist es auch, sich nicht von ihr bestimmen und leiten zu lassen. Angst ist ein schlechter Ratgeber!

Das dritte, was ich zum Umgang mit der Angst nennen möchte, ist die konkrete Auseinandersetzung mit ihr auf der Basis der Anerkennung und der Vertrautheit mit ihr. Man kann sich im inneren Dialog mit der Angst »unterhalten«, sie fragen, was sie zu sagen hat, wovor sie mich warnen will.

Ich stelle hier einige Fragen, die Ihnen bei dieser Auseinandersetzung einen Halt und etwas Orientierung geben können:

- Was ist »real« an meiner Angst, worauf weist sie mich konkret hin?
- Was an ihr bezieht sich auf Gegenwärtiges, was bezieht sich auf Vergangenes, und was bezieht sich auf Zukünftiges?
- Was ist für mich das Schlimmste, was passieren könnte?

Grundsätzlich ist wichtig, die Angst in der Gegenwart aufzugreifen. Dort, wo sie sich auf Vergangenes gründet, kann man zu mehr Klarheit finden, wenn man nachspürt, wo sie konkret herrührt, und dies an der Gegenwart mißt, wobei jedoch Vergangenes letztendlich nicht die Gegenwart bestimmen darf. Dort, wo die Angst sich auf Zukünftiges bezieht, ist es wichtig, ihr die Stirn zu bieten und sich mit nüchterner Einsicht vorzuhalten, was real ist und was nicht. Denn gerade dort ist die Angst am mächtigsten, wo man gleichsam über ungelegten Eiern brütet! Deshalb auch die Frage nach dem schlimmstmöglichen Fall: Es geht darum, den realen Wert der Angst, ihre positiv warnende Funktion einzuschätzen. Es ist gut, einen solchen »Wachhund« im Inneren zu haben, er soll rechtzeitig anschlagen und vor Gefahren warnen, aber er soll nicht wegen jeder Fliege im Hause bellen.

Wenn man sich auf diese oder eine ähnliche Art mit seiner Angst angefreundet hat, kann sie tatsächlich ein guter »Wachhund« sein. Ein Hund aber sollte immer spüren, wer der Herr (die Frau) im Hause ist – nicht um die Angst zu unterdrücken, sondern um sie einzufügen und auf diesem Wege etwas von dem positiv aufzugreifen, was möglicherweise im Entstehen der Lebenskrise bereits eine Rolle gespielt hat.

Was aber, wenn die Angst so groß geworden ist, daß sie regelrecht lähmend wirkt? Es kann sein, daß man tatsächlich aus einer diffusen Angst heraus wie gelähmt ist, auch dann, wenn man, wie hier beschrieben, diese Angst erkannt und anerkannt und sich mit ihr vertraut gemacht hat. Sie kann einen dennoch manchmal regelrecht »flachlegen«, manchmal im wörtlichen Sinne, indem man es nicht schafft, aus dem Bett zu kommen oder tatsächlich krank wird. Es gibt spezialisierte Therapien, um mit der Angst umgehen zu lernen; diese Möglichkeit steht jedem offen. Dort aber, wo man selbst ohne direkte therapeutische Hilfe vorankommen kann – eine Lebenskrise ist keine Krankheit! –, empfiehlt es sich, gegen diese Lähmungen, die ja nur zeitweise auftreten, anzugehen, sich durch sie so wenig wie möglich beirren zu lassen und an dem festzuhalten, was man sich vorgenommen hatte. So ähnlich wie man manche Verspannung gerade dadurch löst, daß man so tut, als gäbe es sie nicht, und man sich so gegen den Widerstand durchsetzt, so verhält es sich im Umgang mit solchen Lähmungen und Blockaden. Geht man den Lähmungen inhaltlich nach, so wird sehr schnell deutlich, daß sie auf die eine oder andere Art aus einer angsterfüllten Sicht auf die Zukunft hervorkommen, und dann ist es wichtig, sich konsequent an die Gegenwart, an das konkrete Hier-und-Jetzt zu halten. Es mag hart klingen, aber es hilft nichts: Solche lähmenden Momente, die auch Tage oder sogar Wochen stark bestimmen können, gilt es nicht nur auszuhalten, sondern man muß durch sie hindurchgehen. »Hindurch« bedeutet, daß man die Angst und die Verlangsamung sieht und spürt und dennoch einen Schritt nach dem anderen setzt, vielleicht etwas langsamer, vielleicht etwas kleiner, aber echte Schritte und soweit möglich – erhobenen Hauptes!

»Zurück« geht nicht mehr

Jetzt, in dieser Phase des neuen Aufbruchs, kann man vielleicht einmal etwas länger einen Blick auf das werfen, was hinter einem liegt und was man tatsächlich auch hinter sich gelassen hat. Das, was war, war einmalig, sowohl im Positiven wie im Negativen. Die Angst vor einer Wiederholung des Negativen braucht Sie nicht weiter zu bestimmen, aber auch die schönen Momente, die es gab, sind definitiv vorbei. Es hat keinen Sinn, sich noch einmal dorthin zurückzuversetzen, auch wenn es Zeiten gibt, in denen man sich regelrecht danach sehnt, daß es noch einmal so würde, wie es »vorher« war. Das ist vorbei, es gibt kein Zurück mehr. Erst später – ich werde darauf im achten Kapitel noch eingehen – hat es Sinn, das Vergangene aufzugreifen und eine neue Verbindung herzustellen. Jetzt aber gilt, daß das Vergangene einmalig war und ist und bleiben wird und daß man sich davon verabschieden muß. Es fällt nicht leicht, dies »einfach so« loszulassen, zum einen, weil es genug darin gibt, an dem man (doch noch?) hängt und mit dem man sich verbunden fühlt, zum anderen weil der Abschied davon erneut in das Gefühl des »luftleeren Raumes« zu führen scheint. Es ist entscheidend, daß man die Notwendigkeit des Abschieds einsieht und tatsächlich Abschied *nimmt*, denn man bekommt ihn nicht geschenkt. Ein Festhängen am Vergangenen führt tatsächlich zu einem »Hängenbleiben«, zum Stillstand, zur Aufgabe und Resignation. Es gilt, den Weg für eine *neue* Verbindung frei zu machen, die aber erst dann entstehen kann, wenn die alte Art der Verbindung tatsächlich »vergangen« ist.

Der Einmaligkeit und Unwiederbringlichkeit des Vergangenen und – wie auch immer – Verlorenen steht an der anderen Seite meine eigene Einzigartigkeit und Einmaligkeit gegenüber. Ich bin ein Mensch wie kein anderer, und ich schicke mich an, mich selber, mein weiteres Leben neu zu entdecken. Tatsächlich hat man manchmal das Gefühl, sich in vielen Aspekten selbst nicht mehr wiederzuerkennen. Dieser Eindruck trügt nicht, auch wenn man nicht ein völlig anderer Mensch geworden ist. Aber alle vorhandenen Anlagen und Erfahrungen sind in der Krise durcheinandergerüttelt, gleichsam neu gemischt worden, und zusätzlich ist manches dabei aufgetaucht, was vorher völlig aus dem Blickfeld gerückt war. Es ist eine ganz wichtige Aufgabe, sich selbst neu (d. h. als ein »neuer« Mensch) kennenzulernen, zu entdecken, was einem wirklich gut tut, was man möchte und was nicht, mit wem man sich befreunden kann und mit wem nicht, wofür man eintritt und was man verabscheut. Das ist längst nicht immer dasselbe wie vorher, auch wenn natürlich (im wörtlichen wie im übertragenen Sinne) der eine oder andere »alte Bekannte« wiederkommt, aber er erscheint jetzt in einem ganz anderen Licht. Alles muß gleichsam von Null an seinen Platz finden und nach und nach zu einem Ganzen zusammengefügt werden. Es gibt im Grunde nichts Vorgegebenes mehr – die vorhandenen Leitbilder sind zerstört, Personen, die bedeutsam waren, haben womöglich einen anderen Platz bekommen; weniger bedeutsame Beziehungen sind wichtiger geworden.

Der jetzt vorherrschende Mangel an etwas Vorgegebenem kann übrigens leicht dazu führen, daß man sich in die Welt eines anderen Menschen begibt, sich gleichsam an ihm / ihr festsaugt. Das kann zu einem wie auch immer gearteten »Guru-Verhältnis« führen, nicht selten auch zu einer (scheinbaren) Partnerschaft, die mit viel realer Sympathie gepaart ist, die aber im Grunde gerade deshalb keine Partnerschaft ist, weil man selbst noch nicht »Partner« ist, sondern sich noch im Aufbau befindet. Auch wenn es sehr verständlich sein mag, daß man in solch einer Phase – und die kann im eigenen Erleben sehr, sehr lange dauern – sich eines anderen Menschen und seiner Art zu leben »bedient«, um selbst zu einer Standortbestimmung zu finden, ist es zum jetzigen Zeitpunkt besser zu »schwimmen«, als sich an Koordinaten zu orientieren, die von anderen vorgegeben sind. Das bedeutet, wie gesagt, nicht, daß man keine Kontakte pflegen sollte, im Gegenteil, sie sind zur Orientierung denkbar wichtig, aber es soll sich dabei um wirklich partnerschaftliche Kontakte handeln, und sie sollten nicht weiter reichen, als wie man selbst Partner ist – sonst geht man ungewollt an der Einmaligkeit des neuen Lebens vorbei. Dabei ist es ein besonderes Glück, wenn man jemanden hat, der einen in solch einem Prozeß begleitet und darin von außen Orientierung und Unterstützung bietet. Aber diese Begleitung muß tatsächlich eine Begleitung sein, keine Führung, sondern kritische Unterstützung, »Seelsorge« im besten Sinne des Wortes – keine Therapie, sondern ein sorgsames Sich-Kümmern um den anderen, so wie er ist. Wichtig ist, daß man weiter entdeckt, in Bewegung bleibt, aber dabei nicht den zweiten Schritt vor dem ersten macht. Entdeckungsreisen fordern Geduld, aber es ist besser, einen Umweg zu riskieren, als sich die Zielrichtung von anderen vorgeben zu lassen.

Bei mir sein

Jetzt gilt es, es bei und mit sich selbst auszuhalten und – nach wie vor – Schritt für Schritt, Tag für Tag weiterzugehen. Inzwischen ist die Entwicklung etwas weniger dramatisch geworden, die Intervalle zwischen einzelnen Teilstücken, zwischen wechselnden Stimmungen sind länger geworden, man sitzt zwar noch längst nicht fest im Sattel, aber es gibt so etwas wie einen positiven Ansatz, der in diese Richtung weist. Es bei sich selbst auszuhalten bedeutet nicht, daß man das Alleinsein zu einem Kult erheben oder zu einer Tugend machen sollte. Aber die – durchaus ungewollte, aber in gewisser Weise positiv hingenommene – Einsamkeit ist eine Durchgangsphase, die nötig ist, um innerlich Wurzeln zu schlagen, Orientierung und Halt zu finden, *innerlich* seßhaft zu werden. *»Die Einsamkeit ist ein Tempel der Stille, der alle unsere toten Zweige ausreißt. Dennoch pflanzt sie unsere Wurzeln in die Tiefen des lebenden Herzens ...«*, dichtet Khalil Gibran. Das ist nicht immer angenehm, aber dieses Moment des Ausharrens ist unumgänglich und vollzieht sich in der Praxis vielleicht leichter, als man es sich im vorhinein vorstellen mag. Man muß lernen, sein Leben neu einzurichten, muß entdecken, was gut tut und was nicht, wozu man stehen kann und wozu nicht usw. Das ist ein »ein-samer« (wörtlich: in einem zusammenkommender) Prozeß. Die kleinen und großen Entscheidungen, die man dabei trifft, kann kein anderer übernehmen. Dabei handelt es sich nicht um ein passives Abwarten, sondern um ein ganz aktives Ausharren, ein ständiges inneres Ausschauhalten und Hinhören, das bereit ist, zur Not auch kompromißlos eigene Wege zu gehen. Als Jugendlicher oder junger Erwachsener ist man in solchen Sachen sehr viel mutiger und unbekümmerter als später in der Lebensmitte oder zu Zeiten, da allgemein das letzte Drittel des Lebens eingeläutet wird. Doch auch in späteren Lebensphasen tut ein bißchen Wagemut und Unbekümmertheit sehr gut. *»Lernt von den Lilien auf dem Feld«*, heißt es im bereits zitierten Text aus dem Matthäusevangelium, *»sie arbeiten nicht und spinnen nicht. Doch sage ich euch: Selbst Salomo war in all seiner Pracht nicht gekleidet wie eine von ihnen«* (Mt 6,28 f.). – Als wenn das so leicht wäre! Aber trotzdem, man kann es *lernen*!

»Gut« leben lernen

Die Auseinandersetzung mit der Angst, das Erkennen der Einmaligkeit in der neu entstandenen Situation und die Bereitschaft, es bei und mit sich selbst auszuhalten, sind Komponenten, die uns inneren Halt geben und die eine neue Entwicklung fördern. Aber »Halt finden« fängt im Alltag ganz klein und praktisch an, mit solch augenscheinlich simplen und selbstverständlichen Dingen wie Aufstehen, Essen, Schlafengehen, mit sogenannten »Alltagsritualen«. Manche Dinge sind festgelegt, z. B. durch Arbeitszeiten oder durch die Sorge für die Kinder. Andere Dinge sind weniger fixiert und bieten Spielraum. Manchmal ist es sogar so, daß der Rahmen, in den die Alltagsrituale eingebettet sind, zerbrochen ist, z. B. dadurch, daß man seine Stelle verloren hat oder durch den Bruch der Partnerschaft oder durch den Umzug in eine andere Stadt. Alltagsrituale sind eine Art Schutzbereich, in dem wir uns bewegen. Wenn sie ganz oder teilweise weggefallen oder zerrüttet sind, fehlt ein ganz wesentlicher Bestandteil des Lebens – aber er fehlt auf eine Art und Weise, die man zunächst gar nicht so bemerkt und die sich meistens nur schleichend bemerkbar macht, dadurch daß beispielsweise die Stimmungsschwankungen häufiger und extremer werden, daß man schneller müde wird, daß man irgendwie zu wenig oder zu viel Zeit hat, daß einem mehr und mehr Dinge einfach egal sind.

Fehlende oder zerrüttete Alltagsrituale führen zum einen zu einer Nivellierungstendenz: Weil es nichts »Normales« gibt, wird das Besondere weniger besonders; zum anderen können ganz alltägliche Dinge wie rechtzeitiges Aufstehen, Einkaufen, Ausgehen, das Bewahren einer gewissen Ordnung zu gewaltigen Schwierigkeiten werden. Das alles führt auf die Dauer zum teilweisen oder totalen Rückzug aus der »normalen« Welt.

Es dauert recht lange, bis man sich ein paar Dinge (wieder) bewußt zur Gewohnheit gemacht hat. Vieles geht auch einfach so, ohne daß man ausdrücklich dabei stillsteht, aber gerade die Krisensituation stößt einen mit der Nase auf die Selbstverständlichkeiten. Man muß (und das ist auch eine Chance) jetzt seinen Alltag teilweise neu strukturieren, sich bewußt machen, was man will oder nicht will, wie man seine (Frei-)Zeit einteilt und wozu man sie nutzt, wie man sich ernährt, wofür man sich einsetzen will usw. Es ist gut, das einmal aufzuschreiben, mal einen ganz normalen Tag in Gedanken durchzugehen, von morgens früh bis abends spät. Vielleicht genießt man es anfänglich, im Alltag weniger Beschränkungen zu unterliegen und z. B. abends nicht auf die Uhr schauen zu müssen. Aber auf die Dauer hält dieser Zustand nicht, sondern führt zu Nivellierung und Gleichgültigkeit.

So komisch es für einen erwachsenen Menschen klingen mag, aber man muß tatsächlich wieder neu leben lernen. Daß man dabei schon auf einen großen Erfahrungsschatz zurückgreifen kann, kommt einem dabei sicherlich zugute, aber Verletzungen und alte Wunden geben oft auch ein verzeichnetes Bild von der Wirklichkeit. Hinzu kommt, daß mit steigendem Alter die Flexibilität abnimmt – auch wenn man nicht selten staunt, wieviel »Eingefahrenes« auch wieder in Bewegung gebracht werden kann.

Eine einigermaßen feste Tagesstruktur ist also ein wichtiger Halt im neuen Leben. Es besteht die Chance, andere Dinge darin einzubauen, für die bis dato kein Platz war, oder in mancher Hinsicht überhaupt einmal zu entdecken, was einem persönlich wichtig ist (vgl. dazu die Übungen im zweiten Teil des vorigen Kapitels), und dies auch umzusetzen. Das geschärfte Bewußtsein, daß nichts von selbst da ist, läßt es zu, daß man anders gewichtet, daß man sich überlegt, was eine Investition wert ist und was nicht. Wenn ich z. B. viel Wert auf einen großen Freundes- und Bekanntenkreis lege, muß ich mir klarmachen, daß dies auch Investitionen in Form von Zeit und Engagement erfordert, denn bestehende Kontakte bedürfen der Pflege, und neue Bekanntschaften müssen erst einmal Schritt für Schritt aufgebaut werden. Das bedeutet ganz konkret, daß man auch einmal z. B. eine höhere Telefonrechnung oder Reisekosten in Kauf nehmen muß, eben weil es wichtig ist, Kontakte zu unterhalten. Die Zeit, in der es »von selbst« ging, ist erst einmal vorbei!

Zu diesem Lernprozeß für ein »gutes« Leben gehört auch die Aufmerksamkeit für den Körper und dessen Pflege. Nicht nur äußerlich – auch das ist wichtig –, sondern auch im gesamten Lebensstil, denn der Körper ist nicht etwas, was man »hat«, sondern etwas, was man »ist«. Ich spreche in diesem Zusammenhang gerne von der »Leiblichkeit« unseres Lebens. Es ist gut, auch darin »gut« zu werden, und zwar sowohl durch Anspannung und Herausforderung (Sport!) als auch durch Entspannung, so daß man sich im wahrsten Sinne des Wortes »wohl in seiner Haut« fühlt. Auch das geht nicht von selbst, aber die Anstrengung, derer es hierin bedarf, ist nur eine anfängliche; sobald sich eine gewisse Gewohnheit eingestellt hat, wird sie, so wie bei den Alltagsritualen, zu etwas, was einem auch ein bißchen Schutz und Heimat bietet – und führt nicht selten zur positiven Ausstrahlung eines Menschen, der mit seinem Körper, seinem Leib Frieden geschlossen hat. Dabei hilft es, wenn man ab und zu in sich hineinhorcht, um zu spüren, was der Körper jetzt wirklich braucht, wonach er wirklich verlangt.

Dunkle Momente

Zwischendurch tauchen immer wieder wie aus dem Nichts Momente auf, in denen einem der Mut »in die Schuhe sinkt«, in denen sich die Zukunft in Grautöne hüllt und die Gegenwart erdrückt. Betrachten Sie solche Momente als Übungsstunden, in denen das noch einmal durchgenommen und wiederholt wird, was Sie im Grunde bereits hinter sich gelassen haben. Im nachhinein wird sichtbar, daß darin genau der »Sinn« solcher Momente liegt: Indem man durch sie hindurchgeht, wird man Schritt für Schritt stärker. Am Ende sind sie einem so vertraut, daß sie ihren Schrecken verlieren.

Durch solche Momente hindurchzugehen heißt, ihnen nicht aus dem Weg zu gehen, sie als dunkle Momente zu registrieren mit allen dazugehörigen Gefühlen und Gedanken. Ähnlich wie im Umgang mit der Angst, ist es wichtig, diese Momente nicht zu ignorieren, sondern als jetzt-zu-mir-gehörig anzunehmen, sich selbst darin mit Nachsicht zu begegnen, sie aber andererseits nicht zu kultivieren oder sich in ihnen zu verlieren. Das Bewußtsein, daß sie nicht ewig dauern und »gleich wieder vorbei« sind, kann sie ein wenig mildern. Tatsächlich aber muß man in solchen Momenten wieder voll zurückschalten, den Schritt verlangsamen und verkleinern, sich auf den Fortschritt in Zentimetern oder vielleicht auch nur auf Schadensbegrenzung durch einen begrenzten Rückschritt einstellen und so »durchkommen«. Oft genug ebben solche Momente wie Stimmungen ab, oder sie sind ebenso plötzlich und grundlos verschwunden, wie sie gekommen sind – Nachwehen, die das neu entstandene Leben nicht mehr aufhalten können, wenn man sie durchhält.

Eine oft vorkommende Form der »dunklen Momente« liegt in dem Gefühl, nirgendwo mehr einen Platz zu haben, nirgends mehr richtig zu Hause zu sein, fast überall herauszufallen und gleichsam über den Rand der Welt hinwegzufallen in einen Raum, der dunkel ist, in dem man schwebt und in dem es keinen Fixpunkt gibt. Oft genug entspricht diesem Gefühl auch die konkrete Realität, z. B. dadurch, daß der Freundeskreis sich nach und nach aufgelöst hat, daß man gezwungen ist, umzuziehen und sich in eine neue Umgebung einzuleben, daß der gewohnte Kreis von Kollegen und Kolleginnen am Arbeitsplatz wegfällt oder für »echte« Probleme nicht erreichbar ist.

Die Ursache für die dunklen Momente liegt jedoch, wenn man es ganz ehrlich betrachtet, nur zu einem Teil in den äußeren Umständen und nur zu einem recht geringen Teil in den anderen Menschen, auch wenn man scheinbar immer wieder Dinge findet, bei denen »die anderen« oder »die Umstände« schuld sind. Im Grunde aber *folgen* diese äußeren Bewegungen der eigenen inneren Entwicklung, nicht umgekehrt. Diese innere Entwicklung besteht ja tatsächlich in einem Wandel der gesamten Persönlichkeit, in der jetzt andere Aspekte mehr in den Vordergrund treten und wieder andere mehr in den Hintergrund rücken. Das Gefühl, sich selbst manchmal nicht mehr wiederzuerkennen, wirkt auch nach außen. Man ist »anders« geworden, nicht unbedingt besser oder schlechter, aber es hat eine grundlegende Veränderung stattgefunden, deren Entwicklung noch lange nicht beendet ist. Gerade in dem Moment, da man sich innerlich und äußerlich »aufrappelt«, wieder neuen Tritt zu fassen sucht, wird einem deutlich bewußt, daß jede echte tiefgreifende Entwicklung der Persönlichkeit zunächst einmal isoliert, weil sie tief im Innern der Person stattfindet und ihre Resultate neu und ungewohnt nach außen dringen. Wenn man derart in der Krise steckt, hat man vielleicht die Neigung, sich trotzig zurückzuziehen oder sich von Angst gelähmt noch weiter zu isolieren, sich nicht mehr auf die Straße zu wagen u. ä. Tun Sie das bitte nicht! Gehen Sie in kleinen Schritten »neu« nach draußen, versuchen Sie neue Menschen kennenzulernen, indem Sie zunächst einfach mal dem nachgehen, was Sie selbst gerne tun und was Ihnen gut tut. Gerade dort, wo man sich – zumindest ansatzweise – in seiner Haut wohlfühlt, fällt es auch weniger schwer, andere Menschen kennenzulernen, Bekanntschaften zu knüpfen und auf Dauer auch Freundschaften zu schließen.

Es erfordert einige Zeit, sich in eine neue Situation einzuleben; keine Zeit passiven Abwartens, sondern eine aktive Zeit des Suchens und Gestaltens. Aber auch dann braucht man sicher ein bis zwei Jahre(!), bis man das Gefühl hat, einigermaßen zu Hause und »bei sich« zu sein. Schon die gar nicht so absonderliche Veränderung, die beispielsweise ein Umzug in eine andere Stadt mit sich bringt, braucht eine gewisse Zeit der Umstellung und Eingewöhnung, wobei in der Krise in der Regel erschwerend hinzukommt, daß man allein ist, obwohl man sich in einer Krise auch zu zweit durchaus allein erfahren kann.

Genau genommen ist das, was ich in diesem Kapitel beschrieben habe, bereits ein ganz praktischer Übungsweg. Die folgenden Hinweise und Meditationen sind also zusätzliche Elemente zur Unterstützung, die aber keineswegs vom konkreten Neuaufbau ablenken oder an dessen Stelle treten sollen. Sie dienen also lediglich der Förderung der inneren Kräfte und als eine zusätzliche Orientierung, als Hilfestellung im praktischen Bereich.

Tagesablauf

Zunächst geht es um eine einfache Reflexion: Schreiben Sie einmal auf, wie Ihr Tag zum jetzigen Zeitpunkt von morgens früh bis abends spät abläuft. Danach schreiben Sie auf, wie er früher in der Regel ablief, bevor die Zeichen einer Krise sichtbar wurden. Versuchen Sie dabei, so detailliert wie möglich zu sein, indem Sie genaue Zeiten eintragen und die einzelnen Posten ziemlich genau definieren.

Vergleichen Sie die beiden Tagesabläufe miteinander:

- Was war Ihnen »früher« wichtig?
- Welches sind die konkreten Veränderungen im jetzigen Tagesablauf im Vergleich zu dem früheren?
- Sind Sie mit der jetzigen Tagesstruktur zufrieden? Was ist gut, was ist eher unbefriedigend für Sie?
- Worauf liegt der Schwerpunkt Ihrer jetzigen Tageseinteilung? Sind Sie damit einverstanden, daß dies so ist?
- Enthält Ihre Tagesstruktur ausreichend Elemente der körperlichen und geistigen Regeneration (z. B. Sport; Lesen o. ä.)?
- Was tut Ihnen in Ihrem Tagesablauf besonders gut, stimuliert und inspiriert Sie?

Als drittes schreiben Sie bitte auf, wie Sie sich Ihren Tagesablauf für die Zukunft wünschen. Dabei ist es gut, wenn man die Phantasie zunächst einmal nicht von allen möglichen »Sachzwängen« einschränken läßt. Schreiben Sie ruhig einmal auf, was für Sie ein idealer Alltag wäre, wohlgemerkt ein Alltag, der in dieser Form über Jahre hinaus Fortbestand haben könnte. Eine »urlaubsmäßige« Vorstellung (»morgens nie aufstehen und abends nie ins Bett müssen«) mag für begrenzte Zeit sehr verlockend sein, hält aber dem Alltag auf Dauer nicht stand. Machen Sie sich klar, worauf Sie besonderen Wert legen, was Ihnen besonders wichtig wäre in einem »gesunden« Tagesablauf. Lassen Sie sich dabei nicht beirren von dem Gedanken, daß dies sowieso nicht zu realisieren sei, sondern nehmen Sie sich jetzt einmal die Freiheit, »rücksichtslos« dem nachzuspüren, was Sie wirklich gerne möchten. Malen Sie sich das so konkret wie möglich aus, setzen Sie das, was Ihnen wichtig ist, in eine Tagesstruktur um.

Die Frage danach (nicht vorher!) ist: Was genau hindert Sie daran, so zu leben, wie Sie es gerne möchten? Natürlich gibt es Dinge, an denen man nicht vorbeikommt, wie z. B. das Aufkommen für den Lebensunterhalt. Dies bedeutet aber nicht automatisch, daß dies wirklich alles bestimmen muß; die »Sachzwänge« lassen sich mit etwas Phantasie durchaus zurückdrängen zugunsten dessen, was Ihnen für Leib und Seele wichtig ist – es ist nicht selten eine Frage der Gewichtung, der Prioritäten. Wenn Sie also einige Hinderungsgründe erkannt und benannt haben, können Sie immer noch kreativ damit umgehen, indem Sie sie innerlich auch einmal für ein paar gedanklich freie Minuten Ihren Wünschen unterordnen, an den scheinbar ewigen Grundfesten rütteln und darüber nachdenken, ob sie tatsächlich so unbeweglich sind, wie sie scheinen mögen. Sie werden sehen, daß alleine schon dieses Losrütteln in der Phantasie das eine oder andere in Bewegung bringen kann.

Wenn es bei Ihnen jedoch so ist, daß Sie mehr oder weniger völlig von Sachzwängen eingebunden sind, dann liegt die

Vermutung nahe, daß dies einhergeht mit einer eher depressiven Grundstimmung, die sagt: »Es geht ja doch nicht!« In diesem Falle wäre es wichtig, sich ehrlich einzugestehen, welchen Vorteil(!) man dabei hat, daß diese Situation so fortbesteht, und welches Bedürfnis bei Ihnen selbst dahintersteckt, das durch diese Situation zufriedengestellt wird. So kann z. B. eine tiefe Angst vor Veränderung einem Bedürfnis nach Geborgenheit entsprechen, das vielleicht auch auf eine ganz andere Art und Weise und in einem viel kreativeren Tagesablauf erfüllt werden könnte. Auch eine nicht eingestandene Beziehungsangst kann einen kreativen Prozeß behindern. Oft hilft es schon, sich dies im einzelnen einzugestehen, um den blockierenden Effekt zu lösen und mit dem vorhandenen Bedürfnis umgehen zu lernen.

Inspiration

Die zweite Anregung ist ebenfalls eine kurze Reflexion; sie besteht nur aus einer einzigen Frage:
• Wer oder was inspiriert mich? Oder anders formuliert:
• Wo finde ich meine Inspiration?
Suchen Sie das heraus, was Sie in Vergangenheit und Gegenwart innerlich weitergebracht hat bzw. weiterbringt, was Sie nicht nur oberflächlich begeistert, sondern völlig mitreißt oder was Sie zumindest ansatzweise in Begeisterung versetzt und in Bewegung hält. Das können andere Menschen sein, ebenso die Lektüre bestimmter Bücher oder der Besuch von Kursen oder Vorträgen. Es kann aber auch die Stille in einer Kirche oder ein klassisches Konzert sein oder bestimmte Orte, die für Sie eine Bedeutung haben. Prüfen Sie, ob diese »Inspirationsbrunnen« auch heute noch wirksam sind und ob sie für die Zukunft taugen könnten.
• Welchen Platz haben diese Inspirationsbrunnen in Ihrem Tagesablauf oder in einem Wochen- oder Jahresplan?
• Was tun Sie konkret dafür, diese »Brunnen« weiter zu erschließen?

• Neben der Inspiration ist es auch wichtig, den Körper fit zu halten. Auch hierzu die Frage: Welchen Platz nimmt dies in Ihrem Tagesablauf ein, und was tun Sie konkret dafür?

Kontakt aufnehmen

Als drittes folgt eine praktische Übung, um sich konkret in die neu entstandene Situation einzuleben. Nichts ist mehr wie vorher, wenn auch vielleicht äußerlich manches so erscheint, aber es hat sich durch den Umbruch grundlegend geändert. *Sie* haben sich geändert! Sehr oft ist es dann so, daß der bestehende Freundes- und Bekanntenkreis nicht mehr weiter existiert. Das ist eine völlig normale Entwicklung. Bestimmte Menschen gehören zu bestimmten Lebensabschnitten, und wenn ein neuer Lebensabschnitt beginnt, dann sind es ganz oder teilweise andere Menschen, mit denen man darin zu tun hat.

Für viele stellt sich die Frage auf einmal ganz neu: Wie kann ich neue Bekannte und Freunde gewinnen? Wie fängt man so etwas an?

Wichtig ist dabei folgendes: 1. Es muß klar sein, *was* man denn anfangen will, *was* man sucht und *was* man erreichen will, und zwar so bestimmt wie möglich. Wenn die Antwort ganz klar ist und dann z. B. lautet: »Ich suche Anschluß« oder: »Ich möchte einen neuen Bekanntenkreis finden« oder: »Ich suche eine(n) neue(n) Lebenspartner(in)« oder: »Ich will erst einmal ohne feste(n) Partner(in) alleine leben lernen«, wenn also das *Was* soweit wie möglich geklärt ist, dann erst kann man die Frage nach dem *Wie* stellen. Solange noch nicht geklärt ist, *was* man sucht, solange hat die Frage nach dem *Wie* hauptsächlich die Funktion, einen konkreten Fortschritt zu blockieren, denn die Frage: »Wie soll ich das denn machen?« ist in den meisten Fällen die Klage: »Ich weiß nicht, wie ich das machen soll.« Zunächst also sollte man ganz genau klären, *was* man denn machen oder erreichen will. In einem Wort: Die Ursache für ein unmögliches *Wie* ist ein ungeklärtes *Was*.

2. Die Frage danach, wie man so etwas anfängt, ist eine *praktische* Frage, und sie ist *nur* praktisch, also durch Tun zu beantworten, nicht durch theoretische Überlegungen. Man muß einfach mal konkret etwas *tun*, irgendwo anfangen, einen Schritt machen. Das kann man üben. Dazu eine Anregung: Wenn Sie neue Bekannte suchen, dann wählen Sie sich probeweise eine Person (z. B. einen Nachbarn) oder einen Kreis (z. B. einen Sportclub) aus, an der (dem) Sie ein gewisses Interesse haben, und nehmen Sie gewollt und geradlinig Kontakt auf, indem Sie auf die betreffende Person zugehen und ihr sagen: »Mein Name ist …, ich bin neu hier in der Gegend und ich möchte gern Kontakt zu Ihnen aufnehmen.« Oder bei einer Gruppe: »Mein Name ist …, ich interessiere mich für … und möchte fragen, ob ich einfach einmal bei Ihnen mitmachen darf.«

Es mag sein, daß dieser Weg (»mit der Tür ins Haus fallen«) Ihnen zu direkt vorkommt und Sie sich genieren. Was haben Sie denn zu verlieren? Ihr Gegenüber mag überrascht sein, aber das Schlimmste, was passieren kann, ist, daß Ihr Gesuch abgelehnt wird – dann wissen Sie wenigstens, woran Sie sind. Die Erfahrung lehrt aber, daß dies nur in ganz wenigen Fällen so ist. Die meisten Menschen reagieren mit wohlwollender Neugier, manche sind regelrecht froh, daß sich mal jemand über bestehende Grenzen und Schwellen hinwegsetzt und zu ihnen findet. Probieren Sie's doch einfach mal aus!

Alltagssorgen

Zum Abschluß dieses Kapitels wiederum eine kurze biblische Textmeditation aus der »Bergpredigt«, sozusagen dem Grundsatzprogramm christlichen Lebens. Der Text klang bereits mehrfach an, er beschäftigt sich mit den Prioritäten und den sprichwörtlichen »Sorgen des Alltag«. Er steht kulturell im Kontext eines agrarisch, z. T. nomadenhaft strukturierten

Zusammenlebens, ist also nicht so ohne weiteres direkt auf die heutigen Verhältnisse übertragbar. Man muß schon etwas tiefer gehen als die Ebene der direkten Nachahmung, um die in diesem Text enthaltenen Fingerzeige verstehen und aufnehmen zu können.

Sorgt euch nicht um euer Leben und darum, daß ihr etwas zu essen habt, noch um euren Leib und darum, daß ihr etwas anzuziehen habt. Ist nicht das Leben wichtiger als die Nahrung und der Leib wichtiger als die Kleidung? Seht euch die Vögel des Himmels an: Sie säen nicht, sie ernten nicht und sammeln keine Vorräte in Scheunen; euer himmlischer Vater ernährt sie. Seid ihr nicht viel mehr wert als diese? Und was sorgt ihr euch um eure Kleidung? Lernt von den Lilien, die auf dem Feld wachsen: Sie arbeiten nicht und spinnen nicht. Doch ich sage euch: Selbst Salomo war in all seiner Pracht nicht gekleidet wie eine von ihnen. Wenn aber Gott schon das Gras so prächtig kleidet, das heute auf dem Feld steht und morgen ins Feuer geworfen wird, wieviel mehr dann euch, ihr Kleingläubigen! Macht euch also keine Sorgen und fragt nicht: Was sollen wir essen? Was sollen wir trinken? Was sollen wir anziehen? Denn um all das geht es den Heiden. Euer himmlischer Vater weiß, daß ihr das alles braucht. Euch aber muß es zuerst um sein Reich und um seine Gerechtigkeit gehen; dann wird euch alles andere dazugegeben. (Mt 6, 25b-26.28–33)

Kein Text für Blauäugige, sondern für gläubige Realisten! Hier ist nicht die Rede davon, daß man jede finanzielle Sicherheit oder gar seine Arbeit aufgeben soll, sich den Krankenkassenbeitrag besser ersparen kann und darauf wartet, bis der liebe Gott fürs Essen sorgt. Es hat immer wieder Menschen gegeben, die diesen Text ganz radikal und wörtlich aufgegriffen haben, und ich will deren Verdienst keineswegs schmälern. Bis in unsere Tage hinein war Mutter Teresa ja auch solch ein Mensch, eine Frau, die zu Recht großes Ansehen genießt. Und auch Frère Roger Schutz, der Gründer der Mönchsgemeinschaft von Taizé, gehört für mich zu diesen Menschen, die auf eine gute Weise radikal dem Ruf des Evangeliums gefolgt sind.

Hier aber möchte ich diesen Text im Kontext einer Lebenskrise klingen lassen, und zwar bei und für Menschen, die zunächst einmal in vielerlei Hinsicht ganz durchschnittlich sind, keine großen Helden und radikal-entschlossene Gläubige. Es hat überdies nicht jeder dieselbe herausragende Berufung, auch ein augenscheinlich ganz »normales« Leben kann die Antwort auf eine innere Berufung sein! Ich bin der Meinung, daß dieser Text gerade dazu etwas zu sagen hat, daß er wertvolle und brauchbare Hinweise enthält und keineswegs den moralischen Zeigefinger erhebt, um alles Materielle zu verdammen.

- Um was geht es? Es geht um Sorgen, echte Sorgen einerseits; es geht um Glauben, realen Glauben andererseits, der der Konfrontation mit der Realität, wie sie seither in 2000 Jahren gewachsen ist, standhält. Wer in einer Krise steckt, hat Sorgen, große Sorgen. Nicht jeder braucht um seine materielle Grundsicherung zu bangen, manche aber sehr wohl; und dann sind es nicht die »Luxussorgen« derer, die sich mangels innerer Erfüllung damit beschäftigen, was man denn anziehen soll und was man essen soll.

- Echte Sorgen. Die Sorge für das »täglich Brot« nimmt mir keiner ab. Und niemand holt mich einfach so aus meiner Situation heraus. Schlimmer noch: Es gibt im Grunde wirklich niemand anderen, der mir helfen kann, mit der entstandenen Situation leben zu lernen, damit »fertig« zu werden. Es ist ein ungeheuer wichtiger Schritt, dieses Faktum ohne Bitterkeit(!), selbst ohne Enttäuschung anzuerkennen, *weil es so ist!*

- Trotzdem: »Sorgt euch nicht.« – Vielleicht kann es eine Brücke zu diesem Text sein, wenn man umschreibt: Laßt euch von diesen Sorgen nicht einschnüren, nicht total bestimmen. Es gibt *mehr* als das, worum man sich sorgt. Relativieren tut not. Es scheint so zu sein, daß manche Sorgen mich fest im Griff haben, mir manchmal gar den Schlaf rauben. Aber das andere gilt auch: Die Sorgen haben nicht nur mich im Griff, ich halte umgekehrt auch die Sorgen fest.

- Was heißt eigentlich »sorgen«, »sich Sorgen machen«? Es gibt »Für-Sorge«, man kann sich um etwas oder jemanden kümmern. Das ist nicht das Sorgen, das hier gemeint ist. »Sorgen« hier heißt: sich krampfhaft-ängstlich den Kopf zerbrechen und darin an sich selbst festhalten wie an einem rettenden Strohhalm, d. h. daß man letztendlich allein auf sich selbst vertraut, nur an die eigene Kraft (und Macht oder Ohnmacht) glaubt. Das ist zu eng, zu klein, zu »klein-gläubig«. Man kann seine Sorgen (und in diesem Sinne sich selbst) durchaus ein wenig loslassen, die Welt ringsum nicht allein als Bedrohung, als »Mangel« erleben, sondern auch als Möglichkeit, als »Gabe«. Das erst öffnet den Blick für neues Leben! »Haltet nicht so krampfhaft an euch selbst fest« – vielleicht auch eine praxisnahe Übersetzung dieses »Sorgt euch nicht«.

- Also einfach so »glauben«, daß es anders geht? Also doch blauäugig auf bessere Zeiten hoffen? – Nein, natürlich nicht. Wohl aber so etwas entwickeln wie ein Minimum an Zuversicht, an Relativierung des eigenen Zustands. Einen Blick wagen über den eigenen Tellerrand hinaus, auch jetzt, mitten in der Krise, obwohl man doch mit sich selbst mehr als genug zu tun hat. Einfach mal probieren: gleichsam dem lieben Gott einen kleinen Vertrauensvorschuß geben, ein wenig den Griff der Sorgen lockern, so daß jemand anderes wenigstens noch eine Chance bekommt.

- Es gibt mehr als das, um was man sich sorgt.

- »Euch aber muß es zuerst um Gottes Reich und seine Ge-rechtigkeit gehen ...« – Was heißt denn »Gottes Reich«, zu-mal in diesem Zusammenhang? Zuerst kommt doch, wie Bert Brecht so drastisch, aber treffend sagte, »das Fressen, dann kommt die Moral«. Also kein »moralisches« Gottes-reich, das über der Realität (dem »Fressen«) schwebt. Reich Gottes ist da, wo Gott im Mittelpunkt steht – Liebe in Per-son, echtes Leben, welche Namen man Gott auch immer geben mag. Dort, wo dies im Mittelpunkt steht, ist »Reich Gottes«. – Auch in der Krise geht es letztendlich nicht (nur) um mich selbst, sondern darüber hinaus, da hindurch, um mehr. Auch wenn ich meine Krise ganz tief im Innern allein durchleben muß, so ist es doch nicht nur »meine« Krise mit mir selbst als Anfang und Ende, als Alpha und Omega, sondern ein Prozeß, in dem etwas anderes klarwerden, hindurchkommen soll. Biblisch gesprochen: Auch darin geht es um »Gottes Gerechtigkeit«. Gerechtigkeit ist hierbei nicht so sehr eine Frage der Waagschalen in der Beurteilung der Justitia, sondern Gottes Gerechtigkeit bedeutet soviel wie: »daß alles zu seinem Recht kommen kann«, daß nichts und niemand umsonst lebt und sich müht. Daß diese Krise eine Krise zum Guten hin ist.

- Es mag sein, daß die biblischen Bilder von den Vögeln des Himmels, den Lilien, dem Gras auf dem Feld nicht unbedingt mehr in unsere Zeit gehören, aber sie sind, denke ich, nachvollziehbar. Wichtig ist im Grunde dabei: Seien Sie sich bewußt, daß Sie nicht nur aus sich selbst heraus und nicht nur für sich selbst da sind. Daß es Sinn hat, wenn Sie durch die momentane Situation hindurchkommen, für irgendwen, irgendwann.

- »Um all das geht es den Heiden« – eine etwas unglückliche Übersetzung des Originaltextes. »Heiden« in diesem Kontext sind die, denen das Materiell-Greifbare zum Lebensinhalt geworden ist. Gemeint ist auch der »Heide« in mir selbst, dessen Beschränkung ich durch diese Krise, in der ich stecke, hinter mir lasse, dessen mentale Grenzen ich gerade jetzt durchbreche!

- Viel wichtiger als Absicherung ist: zu leben! *Gegen das Leben kann man sich nicht absichern* – obwohl gerade das der Kern vieler »Versicherungsbemühungen« ist.

7. Stimme in der Wüste

Steh auf und iß!
Sonst ist der Weg zu weit für dich!
(1 Kön 19,7)

Ich möchte Ihnen an dieser Stelle die Geschichte eines Menschen erzählen, der etwa 850 Jahre v. Chr. gelebt hat, der ein großes Lebensideal hatte und einen schier unerschütterlichen Glauben an sein Leben und seinen Lebensauftrag[12]. Dieser Mann namens Elija kämpfte dafür, daß die Menschen seiner Zeit und seiner Umgebung bei der Wahrheit blieben, daß sie (und er selbst auch) sich nicht von anderen etwas vorgaukeln ließen, was einer echten Prüfung nicht standhielt. Und er triumphierte in diesem Kampf, er machte klar, worum es im Leben wirklich geht, er demonstrierte, welche Kraft ein Mensch hat, der innerlich ehrlich bleibt, auch dann, wenn er darin langen Trockenperioden und Durststrecken ausgeliefert ist. Es gelang ihm sogar, jene Kräfte zunichte zu machen, die davon ablenkten und die in eine falsche Richtung führten.

Doch dann passiert es: Er selbst wird von mächtiger Hand mit dem Tode bedroht. Sein Leben ist akut in Gefahr, er gerät in Angst und Schrecken, er flieht, um sein Leben zu retten. Eine äußere Bedrohung hat ihn plötzlich aus all seinen Träumen gerissen, er kann seinen Weg nicht fortsetzen und zieht sich zurück, er verläßt alles und jeden und begibt sich in die Wüste.

Wüste, das ist Trockenheit, steiniger Boden, Hitze, Sand. Wüste bedeutet Orientierungslosigkeit, Kampf ums Überleben. Sie zwingt dazu, ständig weiterzuziehen, auch wenn die Kräfte dazu fehlen, denn Stillstand bedeutet den sicheren Tod. Er aber zieht ein Stück weit in die Wüste und legt sich dort hin, um zu sterben. Er hat genug von diesem Leben, er ist enttäuscht, er will nicht mehr. Er schläft unter einem

Strauch ein und läßt geschehen, was geschieht: Was soll's, es ist egal, was kommt. Auf der Flucht vor der lebensbedrohlichen Situation kommt er paradoxerweise selbst dazu, sich aufgeben zu wollen.

Doch dann berührt ihn jemand, etwas läßt ihn nicht in Ruhe, er solle doch wieder aufstehen, solle um sich schauen, weiterleben. Tatsächlich findet er Nahrung, Wasser und Brot – kein Königsmahl, eher das eines Gefangenen –, aber es gibt erst einmal Kraft, es reicht zum Überleben. Dann legt er sich wieder hin, unter einen Strauch, der ihn gerade noch vor der ärgsten Hitze schützt. Er kann, er will noch nicht aufstehen und weiterziehen; was er hat, das reicht vielleicht zum Überleben, aber nicht für einen Wüstenzug. Die Angst, die Lähmung ist zu groß. Immer und immer wieder hat er sich durchgesetzt, hat er reagiert, gekämpft, ist er in Bewegung geblieben. Es reicht, es ist genug. Er findet Schlaf, Betäubung – aber zur Ruhe kommt er nicht.

Wieder wird er wach, wieder berührt ihn jemand, läßt ihn etwas nicht sterben. Wieder blickt er um sich und findet etwas, was ihm Kraft gibt. Diesmal reicht es für länger. Er weiß, daß er in Bewegung kommen muß, daß er nicht ewig liegenbleiben kann; er muß sich auf einen Weg machen, mitten durch die Wüste und im Bewußtsein, daß es ein langer Weg werden wird. Er zieht weiter, lange, lange Zeit, durch Tage und durch Nächte hindurch, scheinbar endlos, bis er eine Höhle findet, in die er sich verkriechen kann, die ihm ein Minimum an Geborgenheit bietet, ein Dach über dem Kopf. Diese Höhle symbolisiert auch sein eigenes Inneres, er »geht in sich«, erlebt die Nacht in der Höhle. Sie bietet einen gewissen Schutz, aber nur für begrenzte Zeit – auch wenn es Menschen gibt, die sich eine Höhle so einrichten, daß sie regelrecht zu »Höhlenbewohnern« werden. Er aber steht nicht still, bewegt sich innerlich weiter. In dieser Zeit, in der Höhle, wird ihm etwas klar. Er sieht sein bisheriges Leben vor sich, alles, was er getan und erreicht hat, den Einsatz und den Erfolg und die lebensbedrohliche Situation, vor der er geflohen ist. Was will er hier, fragt er sich, was will ich wirklich mit meinem Leben, wo soll ich hin, wofür lohnt es sich zu leben? Und er hat Angst: Angst, daß alles umsonst war, daß er sich all die Jahre fruchtlos verzehrt und eingesetzt hat, nur um letztendlich doch sein Leben und den Sinn seines Lebens zu verlieren. Der Todesdrohung von außen entspricht die Drohung vor dem inneren Untergang. Es sind eben nicht nur die äußeren Geschehnisse allein, sie haben eine Entsprechung im Inneren. Das erfährt er in der Höhle. Dem muß er sich stellen! Er kann sich nicht ewig verkriechen, es muß etwas geben, wofür es sich zu leben lohnt, was sein Lebens lebenswert macht, was ihm das Gefühl gibt, jemand zu sein für Gott. Er stellt sich seinem Leben, seiner Welt, seinem Gott, für den und dessen Wahrheit er so lange gestritten hat. Aber nicht das Waffenklirren im Kampf, nicht der Sturm seines Lebens, nicht einmal das riesige Beben, das, einem Erdbeben gleich, alles, was ihm lieb und teuer war, ins Wanken brachte, all das ist nicht das, was ihm weiterhilft. Auch seine Begeisterung, sein Lebensschwung, seine brennendste Überzeugung – nichts führt ihn jetzt noch weiter. Die Höhle wird zur Hölle. Wo finde ich etwas, was mich weiterbringt, wo finde ich Sinn und Lebensmut, wo gibt es echten Trost und Schutz für meine bedrohte Seele?

Endlich, endlich wird es still. Wie ein leises Säuseln klingt es, kaum wahrnehmbar, die Stimme der Stille selbst, so scheint es, dringt jetzt zu ihm durch. Er ist dort angekommen, wo er klarer sieht, er ist gleichsam an der Rückseite all der Dinge, die sein Leben bewegt und getrieben haben, am Ort der tiefen Stille. Und er weiß, daß sein Leben noch nicht zu Ende ist, daß er noch etwas vor sich hat, noch etwas lernen, leben, austragen soll. Er weiß es einfach. Er kriecht aus seiner Höhle hervor, stellt sich an den Eingang, schaut hinaus. Es ist wie eine zweite Geburt.

Und jetzt? Was nun? Was willst du hier, was machst du jetzt? Bis hierhin ist sein Weg gegangen, bis hin zu dem, was ihm das Leben zu nehmen drohte. Er wird zurückgehen durch die Wüste, sein Leben wieder aufgreifen, dort, wo er es verlassen hatte und geflohen war, um zu sterben. Er selbst. Er wird tun, was er zu tun hat, wird es auf sich nehmen und weiterführen. Die Bedrohung ist nicht gewichen, aber sie spielt nicht mehr die Hauptrolle, er hat die Höhlennacht durchlebt, hat die dunkelsten Seiten beleuchtet, gesehen, durchstanden. Er hat überlebt, lebt weiter, er nimmt sein Leben auf sich. –

Soweit diese alte Geschichte, die in ihrer Aktualität und Faszination nichts eingebüßt hat, die wie ein Urbild krisenhafter menschlicher Entwicklung ins Buch der Bücher Eingang fand. Krise ist keine Krankheit, sondern eine Zeit der Umwandlung, ein unumgänglicher Entwicklungsschritt.

Ich möchte im folgenden noch ein wenig dabei verweilen, den einen oder anderen Hinweis geben für diesen Weg durch die Wüste bis hin zur Nacht in der Höhle, wissend, daß jede Geschichte, auch jede Krisengeschichte, unvergleichbar ist und nur von dem gelebt und erlebt werden kann, der sich damit auseinanderzusetzen hat. Aber so wie in der gerade erzählten Geschichte von Elija, die nun schon fast dreitausend Jahre alt ist, gibt es in vielen Dingen doch auch Übereinstimmendes.

Der Weg durch die Wüste wurde in den ersten fünf Kapiteln dieses Buches in mehreren Schritten bereits beschrieben und gedeutet. In diesem Teil möchte ich das Augenmerk auf den Moment richten, in dem man – auf welche Art und Weise und in welcher Form auch immer – in die Höhle kommt, nachdem man lange Zeit und mit großem Kräfteverzehr durch die Wüste gezogen ist, Tag und Nacht. Ich habe dieses Geschehen in der Geschichte bereits als einen Weg nach innen gedeutet. Was passiert in der Höhle, was geschieht innerlich in dem Moment, wo man sich – müde und ratlos und mit der Sehnsucht, endlich einmal wirklich Ruhe zu finden – zurückzieht, sich in einer Höhle vergräbt?

Das erste ist, daß solch eine Höhle – auch wenn sie vielleicht nur im Inneren existiert – einen gewissen Schutz bietet, ein Minimum an Geborgenheit. Sie schirmt ab vor allzu heftigen äußeren Einflüssen. Es wird ruhiger, aber auch einsamer. Es gibt immer weniger Menschen, die wirklich mitvollziehen und nachvollziehen können, was in einem vorgeht. Man kommt an das heran, was man nur selbst erleben, was man nicht mehr teilen kann. Am Ende kann niemand für einen anderen das Leben tragen und auf sich nehmen: Ich selbst bin gefragt, ich soll Verantwortung tragen, ich bin zur Verantwortung gerufen. Was gehört eigentlich zu mir? Wer bin ich denn? Was will ich überhaupt? Ist das, was ich bisher gelebt habe, umsonst gewesen, oder gibt es doch eine sinngebende Kontinuität darin? Ich spüre die Mühsal und die tiefe Weigerung weiterzugehen. Die Höhle hat auch etwas Wohliges. Endlich einmal ein klein wenig Ruhe, ein bißchen Geborgenheit. Hier könnte ich bleiben, mich einrichten für den Moment, die dunkle Nacht meiner Seele aussitzen, irgendwie überleben. Trotzdem läßt mich meine eigene Geschichte nicht in Ruhe. Wenn ich schon nicht selbst daran denke, dann sind es meine Träume, die mich daran erinnern, daß es etwas zu verarbeiten und weiterzutragen gilt. »Zu-lassen« heißt das Zauberwort in diesem Moment, an mich heranlassen, was ich wirklich fühle, gefühlt habe, so wie es wirklich war, ohne Wenn und Aber. Ein nüchterner Blick zurück. Aber auch das Leid dieses Moments. Ich kann mir selbst leid tun: Im Grunde gibt es wenig oder nichts, was diesen totalen Einbruch in meinem Leben rechtfertigt! »Zu-lassen«, nicht schon wieder etwas tun, nicht schon wieder weglaufen, sondern aushalten, geschehen *lassen*, was geschieht, geborgen in der Höhle. Niemand kann mir jetzt noch wirklich etwas anhaben, es ist *mein* Leben, um das es hier geht. Ich habe keine Angst mehr, nicht wirklich zumindest. Natürlich gibt es immer noch tausend Dinge, die schief gehen könnten, aber im Grunde kann es mir nicht mehr viel anhaben: verloren habe ich ja schon! Ich bin jetzt frei, das zu tun, was *mein* ist, was zu mir, zu meiner Art zu leben, zu meinem Lebensstil, meinem Lebensauftrag gehört. Mögen andere denken, was sie wollen, ich bereue manches, aber ich bereue nicht, daß ich jetzt hier stehe und zum ersten Mal seit langem wieder mich selbst spüre. Egal ob es mir gut geht oder schlecht, dies ist mein *Leben*! Ich *lebe*! Was bisher war, gehört zu mir, ich nehme es an, ich nehme es auf mich, ohne Illusion; aber es ist Vergangenheit, vorbei, es kommt nie wieder zurück, es gibt kein Zurück mehr dorthin, auch wenn mich manchmal die Vertrautheit und das Heimische des Vergangenen reizt. Ich kann es »los-lassen« – auch wieder so ein Zauberwort –, ohne daß ich die Verbindung dazu kappen muß. Meine Vergangenheit gehört zu mir, dazu stehe ich, aber bestimmend ist sie nicht mehr. Mein Blick kehrt sich langsam mehr nach vorne. *Jetzt* gilt es zu leben, bei mir selbst zu bleiben, Kraft zu finden. Was gibt mir wirklich Kraft, wo liegen meine Ressourcen, meine Kraftquellen? Was erhoffe ich, erwarte ich für mich, mein Leben? Es hat keinen Sinn, mich hier zu vergraben, mein Leben nur in Schutt und Asche, als Höhlenmensch zu vollbringen, dafür ist noch zuviel in mir, was noch nicht gelebt ist, was hinaus will, was mich langsam aber sicher nach außen drängt und mir befiehlt zu leben.

Das also geschieht (so oder vergleichbar) in der »Höhle«: Nach der Erfahrung der Geborgenheit, des Schutzes, einer gewissen Ruhe bricht im »Zu-lassen« der Sturm der Konfrontation mit der Vergangenheit los, aber man steht selbst nicht im Sturm, er zieht gleichsam vor den Augen vorüber. Im »Los-lassen«, merkwürdigerweise also gerade da, wo man nicht festhält, sondern betrachtet und geschehen läßt, wird das eigene Leben, wird man sich selbst Schritt für Schritt mehr eigen, kommt das Leben zur Ruhe und wächst die Akzeptanz. Man findet, zumindest ansatzweise, die eigene Mitte wieder.

Das ist der Zeitpunkt, zu dem man – langsam, nicht zu schnell – die Höhle wieder verläßt, sie aber nicht gleich hinter sich läßt, sondern sich gleichsam an ihren Eingang stellt und mit einer gewissen Freiheit und einem gestärkten Gefühl für den Wert des eigenen Lebens, aber auch für dessen Relativität und Unzulänglichkeit, hinausschaut und – tatsächlich – die Welt mit anderen Augen betrachtet.

Der hier beschriebene Verbleib in der Höhle ist im Durch-leben der Krise kein einmaliges Geschehen, oft ist es auch die Summe vieler kleiner »Höhlen-Momente«, die eine solche innere Entwicklung vorantreiben. Oft wird man wieder dort-hin zurückgeführt, muß man noch etwas aufgreifen, was dort quasi liegengeblieben ist, aber insgesamt geht die Bewegung von außen nach innen hin zu den Fundamenten der eigenen Existenz und dann wieder nach außen, wo nicht die Welt, aber die eigene Sicht der Dinge und der eigene Standort ver-ändert ist.

Wie sich der Weg nach außen, »zurück ins eigene Leben«, weiter vollzieht, ist Thema des folgenden Kapitels.

Zur Unterstützung

Da es sich bei dem, was in diesem Kapitel beschrieben wurde, um eine sehr nach innen gerichtete Entwicklung handelt, stelle ich Ihnen hier eine Übung vor, die Sie darin unterstüt-zen kann, diese »Reise nach innen« zu vollziehen. Es handelt sich um eine Imaginationsübung, eine Phantasiereise. Im An-schluß daran folgen noch ein paar eher praktisch ausgerich-tete Fragen, die die Entdeckung der eigenen Kraftquellen er-leichtern sollen.

Phantasiereise zum Menschen in der Grotte

Diese Übung können Sie beim Lesen durchführen. An den Stellen mit Auslassungspunkten (...) legen Sie bitte eine Lese-pause ein und verweilen ein paar Augenblicke in Ihren Ge-danken, bevor Sie die Geschichte wieder aufgreifen. Sie kön-nen alternativ den Text zunächst auf eine Kassette sprechen (oder sich von jemandem vorlesen lassen), so daß Sie mehr Freiheit haben, sich auf Ihre Gedanken und Phantasien ein-zulassen. Bitte setzen Sie sich entspannt auf Ihren Stuhl, ach-ten Sie für ein paar Minuten nur auf Ihr Atmen, und ver-

suchen Sie bei jedem Ausatmen Ihren ganzen Körper nach und nach, beginnend bei der Kopfhaut und endend bei den Zehenspitzen, zu entspannen. (...)
Wenn Sie das Gefühl haben, körperlich entspannt und geistig ganz anwesend zu sein, lesen Sie langsam, Satz für Satz die folgenden Hinweise, und lassen Sie sich in Gedanken von der Geschichte führen.

Stellen Sie sich vor, Sie gehen auf einem Waldweg spazieren. Die Sonne scheint ab und zu durch die Baumwipfel. Es duftet nach Harz, nach Waldboden, nach Farn. Es ist still, nur die Vögel zwitschern, und ab und zu summt ein Insekt vorbei. Der Weg geht ein wenig bergan und führt schließlich auf eine Lichtung. Die Sonnenstrahlen erfassen Sie, Sie sind ganz darin aufgenommen. Ihr Herz öffnet sich. (...)
Der Weg führt wieder in den Wald hinein. Der Waldwuchs wird dichter, es geht immer mehr bergauf. Ab und zu sind Felsvorsprünge zu sehen. Schließlich erblicken Sie in einigen Metern Entfernung eine Felswand mit einer dunklen Grotte, aus der bei längerem Hinsehen ein Lichtschimmer sichtbar wird. Das Licht zieht Sie an, und je näher Sie kommen, desto klarer wird das Licht. (...)
Vorsichtig treten Sie in die Grotte ein. Nach der Anstrengung des Weges ist es hier angenehm kühl. Sie folgen dem Licht. Sie kommen in einen Raum, in dessen Mitte ein Mensch sitzt, der Sie liebevoll anschaut. Er hat ganz vertraute Gesichtszüge. Sie haben sich lange danach gesehnt, ihn wiederzusehen. Sie tauchen ganz ein in seine Gegenwart. (...)
Es ist still, Sie sprechen nicht miteinander, aber Sie spüren in der Stille, daß Sie ganz da sind, voller Leben. (...)
Wenn es Zeit ist zurückzugehen, verabschieden Sie sich mit einem freundlichen Blick. Der Mensch in der Grotte holt zum Abschied aus seiner Tasche ein kleines Kästchen hervor. Es glänzt in seinen Händen. Er überreicht es Ihnen als Geschenk. Sie nehmen es dankend an, öffnen den Deckel und schauen hinein. (...)

Dann verlassen Sie die Grotte. Die warme Luft draußen um-
fängt Sie wohlig. Sie tragen das Kästchen mit sich auf dem
Weg durch den Wald, über die Lichtung, hierhin, wo Sie jetzt
sind. (…)

Fragen:

- Wie ist es Ihnen ergangen, konnten Sie sich auf die Phanta-
  siereise einlassen?
- Wie haben Sie den Eintritt in die Grotte erfahren?
- Welche Gefühle hatten Sie während der Begegnung in der
  Grotte?
- Was war in dem Kästchen?
- Was davon haben Sie nach Hause getragen bzw. mitge-
  bracht?

Kraftquellen

Die zweite Übung zu diesem Kapitel besteht im Nachdenken
über einige Fragen, die im Zusammenhang mit dem Entdek-
ken der eigenen Kraftquellen stehen. Sie sind eine Fortset-
zung der Fragen nach der Inspiration im Übungsteil des vorigen Kapitels. Es empfiehlt sich, diese Fragen schriftlich für
sich zu beantworten und sich für ihre Beantwortung mehrere
Tage Zeit zu nehmen, in denen man sich und den eigenen Alltag unter diesem Aspekt beobachtet und so womöglich zu
neuen Entdeckungen kommt:

- Über welche Möglichkeiten verfüge ich, mich zu entspan-
  nen?
- Wer / was gibt mir Kraft? Was tut mir wirklich gut?
- Worauf hoffe ich in meinem Leben?
- Welche »nährenden« Beziehungen (d. h. solche, aus denen
  ich Kraft schöpfe) unterhalte ich?

Eine mögliche Unterscheidung *nach* der Beantwortung der
Fragen ist die zwischen den Kraftquellen, die von außen
kommen oder die außerhalb liegen, und denen, die im eige-

nen Innern zu finden sind. Wenn Sie (fast) nur Quellen der einen Art benannt haben, können Sie noch eine Zeitlang gezielt nach Kraftquellen der anderen Art suchen.

Zur Ergänzung noch ein Vergleich:

Wenn ein Auto kein Benzin (»Kraftstoff«) mehr hat, muß man es zur Tankstelle fahren, zur Not muß man es dahin schieben oder sich mit der Füllung eines Kanisters behelfen. Es ist nicht so, daß dann ein Tankwagen vorbeikommt und den Treibstoff bringt; man muß sich schon selbst dorthin bewegen, wo man auftanken kann. Vielleicht haben Sie Zeiten erlebt, in denen dies für Sie gar nicht von Bedeutung war, weil Sie – um im Vergleich zu bleiben – wie ein Anhänger waren, der von einem starken Gefährt(en) gezogen wurde. Jetzt aber sind Sie es selbst, der/die das Auto schieben, das Gewicht tragen, die Last transportieren muß.

8. Ich kann leben!

Wenn die Kraft zu großen Schritten fehlt,
dann macht man eben kleine.

Langsam erwacht das Bewußtsein, das sagt: »Ich lebe!« Doch manchmal ist es, als ob man noch einmal ganz neu laufen lernen müsse. Es ist eine Illusion, daß man alles beherrschen, alles vorhersehen, sich vor allem versichern kann. Das kann man getrost hinter sich lassen, ohne damit einer romantisiert-blauäugigen Naivität zu verfallen. Im Gegenteil, die Realität war noch nie so »real«, so direkt, so nahe wie jetzt. Es geht darum, dieses Leben, so wie es jetzt ist, auf sich zu nehmen, Ernst zu machen, obwohl eigentlich die Kraft für große Schritte fehlt. Doch wenn die Kraft für große Schritte fehlt, dann muß man eben kleine Schritte machen. Und siehe da: Es geht. Nicht immer und nicht jeden Tag gleich gut, aber die Zeit der Bewegungslosigkeit, der alles umfassenden Lähmung ist vorbei.

Wie am Ende des vorigen Kapitels beschrieben, liegt der innere Ausgangspunkt des Geschehens jetzt am Eingang der Höhle, der ja gleichzeitig ihr Ausgang ist. Aber die Möglichkeit ist jederzeit gegeben, daß man in den Schutzraum des eigenen Inneren zurückspringt, sich sammelt, die eigenen Fundamente spürt und wieder hinausgeht. Wie bereits erwähnt, ist es wichtig, sich nicht zu lange in der Höhle, in der Geborgenheit des eigenen Inneren und der Isolation nach außen, zu verschanzen. Eine Höhle hat keine Tür, die man schließen könnte – der Zugang zum Inneren bleibt offen. Verweilen ist gut – hängenbleiben nicht. Der Unterschied liegt in der Dynamik des Geschehens, die man in sich selber spürt. Zum Verweilen gehört das Zulassen aller Gefühle und Gedanken und der Umgang, die Arbeit damit. Beim Hängenbleiben gibt nach und nach Trägheit oder Mutlosigkeit den

Ton an. Es kann sogar passieren, daß man von sich selbst und den eigenen Entwicklungen derart fasziniert ist, daß man in reine Selbstbetrachtung verfällt und gar nicht merkt, daß keine Bewegung nach außen mehr stattfindet.

Das eigene Leben auf sich nehmen, ernst nehmen, verantwortlich einstehen für das, was geschieht und nicht geschieht – im Grunde sind es Dinge, die jeder Mensch erlernt, sobald er sich anschickt, erwachsen im Leben zu stehen. Aber das Beben der Lebenskrise, der erlittene Verlust, der Schnitt in der Biographie machen solch einen Neubeginn nötig. Man hat das Gefühl, jetzt erst »richtig« erwachsen zu werden, und sieht plötzlich, wie wenig Menschen diesen Grad des Erwachsenseins, der inneren Reife und Verantwortung tatsächlich erreichen und nicht in Illusionen hängenbleiben oder in Dinge verstrickt sind, die ihnen eine persönliche Reifung unmöglich machen. Jetzt gilt es, in kleinen Schritten das eigene Zuhause in Ordnung zu bringen, bei sich selbst heimisch zu werden und sich auf dieser Basis immer mehr und neu zu öffnen, neue und andere Beziehungen zuzulassen. Es erfordert Anstrengung, das zu tun, und es gibt keinen, der einem diese Arbeit abnehmen könnte. Jetzt sind es weniger Ängste, die ein Voranschreiten behindern, sondern die nur langsam wachsende Kraft, die fehlende Weitsicht. Es gibt Tage, da schleppt man sich regelrecht weiter, an anderen Tagen geht es leichter. Es ist, als ob man sich an eine Last gewöhnen müsse, mit der man für den Rest des Lebens beladen ist. Das scheint aber nur so, denn mit zunehmender Gewöhnung wird die »Last des Lebens« tatsächlich geringer, d. h. sie wird nicht nur als geringer empfunden, sondern die inneren und äußeren Schwierigkeiten nehmen auch tatsächlich ab, und die Kraft wächst in dem Maße, wie man bereit ist, sich hinzugeben.

Ebenso wichtig wie die Bemühung, nicht hängenzubleiben, sondern in der Entwicklung voranzuschreiten, ist auf der anderen Seite das Gebot der Vorsicht, daß man nicht zwei Schritte auf einmal macht. Es bedarf in dieser Phase einer gewissen Gelassenheit und Zuversicht, die nur manchmal und in sehr unregelmäßigen Abständen Bestätigung erhält. Aber die Kraft für die Bewegung kommt nicht mehr nur von außen, das eigene Innere ist in der Krise auch stärker geworden. Obwohl oft genug das Gefühl vorherrscht, zu wenig oder gar keine Kraft mehr zu haben, kann man im Rückblick zugleich feststellen, daß man insgesamt stärker geworden ist, daß einen jetzt so schnell nichts mehr aus der Bahn wirft – trotz eines subjektiv nur mühsam gehaltenen Gleichgewichts. Das merkt man z. B. auch daran, daß die »Rückfälle«, von denen anfangs die Rede war, kaum mehr auftreten, und wenn, dann nur für eine kurze Zeit. Manchmal aber sorgt das Gefühl, nicht recht vom Fleck zu kommen, für Verstimmung und läßt einen ungeduldig werden. Lassen Sie sich davon nicht irritieren, sondern gehen Sie unbeirrt weiter! »Du *kannst* leben!« lautet die Botschaft, die für diese Phase bestimmend ist. Widerstände, die von außen kommen, dienen im Endeffekt zur Stärkung, sie schärfen den Blick für das, was man wirklich will und wofür man bereit ist, sich einzusetzen. Die Zeit, da man entwicklungsmäßig die Dinge gleichsam geschenkt bekam, ist jetzt anscheinend vorbei, obwohl auch das eine Frage der Perspektive ist, wie man im nachhinein oftmals feststellt. Egal, jetzt muß im eigenen Erleben jeder Zentimeter neu erobert werden. Meist ist es jedoch kein Kampf im äußeren Bereich mit widrigen Umständen, sondern vielmehr ein Kampf mit dem eigenen Inneren.

Hierfür ein Beispiel: Hannah lebte seit dem Tod ihres Mannes in dem Haus, in dem sie gemeinsam gewohnt hatten und in dem auch ihr Sohn aufgewachsen war. Nach gut einem Jahr entschloß sie sich, das Haus zu verkaufen, weil es für sie allein – der Sohn war schon einige Jahre aus dem Haus – zu groß und im Unterhalt zu aufwendig war. Sie berichtete vom Widerstand, den ihr Sohn ihren Plänen gegenüber hatte. Im Laufe des Gespräches wurde jedoch klar, daß sich im Widerstand des Sohnes ihre eigenen Widerstände gegen den Verkauf des Hauses, der Widerstand gegen solch eine Veränderung, die unterschwellige Angst, Verrat am Erbe ihres Mannes zu begehen usw. spiegelten. Ich riet ihr, noch einige Zeit zu warten und *ihre eigenen* Widerstände zu beachten und daran zu arbeiten. Wenige Wochen später erzählte sie beiläufig, daß sie dabei sei, das Haus zu verkaufen. Sie habe ihre Widerstände durchlebt (»ich bin da durch«, sagte sie wörtlich) und sei in einem offenen Gespräch mit ihrem Sohn zu einer Einigung gekommen.

Jedes überwundene Hindernis macht stärker. Daß es geht, merkt man aber erst, wenn man geht. »Miß nie des Berges Höhe, ehe du den Gipfel erreicht hast. Dort wirst du sehen, wie niedrig er war«, schrieb der ehemalige Generalsekretär der Vereinten Nationen, Dag Hammarskjöld, in seinen Tagebuchaufzeichnungen, die unter dem Titel »Zeichen am Weg« weltberühmt geworden sind.[13] Es gibt auch Rückschläge, kleine oder größere Niederlagen, die man hinnehmen, Kompromisse, die man eingehen muß. Aber die Kraft reicht aus, voranzuschreiten, von Tag zu Tag.

Woher kommt diese Kraft? Zum einen scheint sie plötzlich und unmotiviert da zu sein, genauso wie sie gleichfalls unmotiviert zu schwinden droht. Aber insgesamt setzt sie sich durch, auch wenn sich ihr Kommen und Gehen scheinbar dem direkten eigenen Einfluß entzieht. Sie stammt zum Teil aus dem eigenen Überlebenswillen (»ich *muß* leben«), aber auch aus einer nicht immer klar spürbaren Zuversicht, daß es irgendwie, irgendwo trotzdem noch Sinn hat zu leben (»ich *soll* leben«), wobei äußere Faktoren wie der Familien- und Freundeskreis oder eine Herausforderung in der Arbeit stark motivierend sind, wenn auch letztendlich nicht entscheidend, denn der Antrieb kommt aus dem Innern, aus der von Viktor Frankl, dem Vater der Logotherapie, so benannten und vielzitierten »Trotzmacht des Geistes«. Dabei spielt jedoch noch etwas anderes eine wichtige Rolle, nämlich die innere Auseinandersetzung mit dem Sinn, dem transzendenten Inhalt des Lebens selbst. Religiös-gläubige Menschen erleben dies als eine Auseinandersetzung mit Gott bzw. mit ihrem Bild von

Gott, andere eher in Begriffen von übersteigenden Kräften oder einem vagen Gefühl, trotz allem »irgendwie geborgen« zu sein.

In der Krise findet so etwas wie eine grundlegend neue »Ortsbestimmung« statt. Manches wird revidiert, vieles relativiert, anderes bestätigt, aber am Ende steht die Entwicklung einer neuen Weltsicht, eines reiferen Glaubens, der trägt – man hat wie Noach nach dem Wegebben der Fluten nach und nach wieder festen Boden unter den Füßen. Die Arche hat aufgesetzt, und man schickt sich an, hinauszuklettern und die Erde wieder bewohnbar zu machen.

In der Praxis bedeutet dies, daß man noch weite Wege zu gehen hat. Auch Elija wird durch die Wüste hindurch zurückgeschickt, um dort wieder anzufangen, wo er aufgehört hatte. Diese Wege sind nach wie vor sehr einsame Wege – was man sich und anderen nicht zum Vorwurf machen sollte, denn es handelt sich tatsächlich um Wege, die jeder Mensch für sich alleine gehen muß. Man lernt in dieser Einsamkeit, so unangenehm sie oft ist, mehr und mehr in Einklang mit sich selbst zu sein, auf die eigenen Gefühle, Gedanken und Empfindungen zu achten, sie zu identifizieren und zu ihnen zu stehen. Auch dann, wenn man zeitweilig in Alltagsroutine fällt, kann man jetzt jederzeit innerlich ein wenig Abstand dazu gewinnen und wieder zum Einklang mit sich selbst finden. Wichtig dabei ist, daß man die Entwicklung, die sich jetzt vollzieht, nicht als eine Vorphase von irgend etwas anderem betrachtet, was in der Zukunft als Erfüllung kommen wird – das wäre eine Illusion –, sondern den jetzigen Augenblick als das erkennt, was er ist: die Fülle des Lebens in seiner jetzigen Gestalt. Es gibt nichts Lebendigeres als den momentanen Augenblick. Es ist nicht (mehr?) so, daß diese Zeit den Sinn hat, eine irgendwie geartete »bessere« Zukunft herbeizuführen. Die Zukunft ist jetzt! Ich muß *jetzt* leben, in diesem Augenblick, mit all dem, was mir zur Verfügung steht. Die »Lehrzeit« ist vorüber. Natürlich gibt es nach wie vor Entwicklungen, und es macht nach wie vor Sinn, sich für ein

Ziel einzusetzen, aber das Leben kann und darf nicht mehr auf morgen vertagt werden: Jetzt, in diesem Augenblick, gilt es zu leben.

Dies bedeutet auch, daß man die Verbindung zur Vergangenheit nach und nach wiederherstellt – nicht als eine Rückwärtsbewegung, sondern als eine auf die Zukunft ausgerichtete Bewegung in der Gegenwart, bei der es gilt, sich selbst, sein eigenes Leben *ganz* aufzugreifen und mitzunehmen. Nehmen Sie sich ruhig einmal die Zeit, aus der Distanz heraus an schöne Momente der Vergangenheit zurückzudenken, in ihnen Kraft zu spüren und sie gleichsam mit hinüber in die Gegenwart zu nehmen, ohne in ihnen zu versinken. Auch das sind Sie, auch das gehört zu Ihnen – als Vergangenheit, als etwas, das endgültig hinter Ihnen liegt, vergangen, nicht verloren. Das, was war, läßt sich nicht ändern oder zurückholen, aber man kann versuchen, sich damit auszusöhnen, wie es war, und damit, daß es jetzt vorbei ist. Die Aussöhnung beginnt damit, daß man *aus der Distanz heraus* an die Vergangenheit zurückdenken und sie auf diese Art etwas objektiver (d. h. als Objekt) betrachten kann, sie dadurch nach und nach klärt und auf sich nimmt.

Zur Unterstützung

Selbstwertgefühl

Als erstes möchte ich mit Ihnen gemeinsam über etwas nachdenken, was im Laufe der krisenhaften Entwicklung, ausgelöst durch den Verlust, sehr stark zu leiden hatte, durch Angst und Unsicherheit beeinträchtigt und regelrecht »angeknackst« wurde: das Selbstwertgefühl. Das Gefühl, daß man selbst jemand ist, etwas kann, daß man da sein darf (und nicht nur da sein muß oder soll). Nicht selten ist es ja tatsächlich so, daß man sagen muß: »Ich habe eigentlich niemanden mehr, für den ich wichtig bin«. Deshalb ist es gut, sich einmal auf den Wert, den man vor und für sich selbst hat, das *Selbst*wertgefühl zu konzentrieren. Das Gefühl, etwas wert zu sein, kommt nicht mehr (oder in weitaus geringerem Maße als vorher) von anderen, von außen, es muß aus dem eigenen Innern heraus entwickelt werden. Ein eigenes Selbstwertgefühl zu entwickeln bedeutet somit auch, daß man weniger abhängig von der Bestätigung anderer wird. Ziel ist nicht eine absolute Autonomie und Souveränität, sondern eine *relative*, d. h. rückbezügliche, eine »in Beziehung (lat.: *relatio*) stehende«. Mit anderen Worten: Es geht beim Selbstwertgefühl nicht um etwas, was ein für allemal so ist, sondern um etwas, was ständig in Bewegung, im Auf und Ab ist, was aber dennoch einen gewissen Grundstandard erreicht, den man als Selbständigkeit (»Selbst-Ständigkeit«) bezeichnen kann. Schon die Bewußtwerdung, daß man das Gefühl für die eigene Wertschätzung nicht mehr (allein) an dem festmachen kann, was von außen und von anderen kommt, hilft dabei, sich in eine andere Richtung zu orientieren. Das Gefühl für den Wert meines Lebens muß ich also an anderen Dingen festmachen. Der wichtigste Faktor dabei ist die Authentizität, d. h. daß das, was ich lebe, mehr und mehr auch mir selbst, meinem Denken und Empfinden entspricht, d. h. im Einklang mit sich selbst zu handeln. Wichtig ist auf jeden Fall ein regelmäßiges Innehalten und Überprüfen dieses Zustands. Der Einklang mit sich selbst – auch wenn er oft nur ansatzweise gelingen mag – ist der wichtigste Brunnen des Selbstwertgefühls.

Das zweite, was dabei eine wichtige Rolle spielt, ist die Frage danach, was mir tatsächlich etwas *wert* ist: Wer und was ist mir im Leben wirklich wichtig? Wofür lohnt es sich, mich einzusetzen? Was will ich »erreichen« in meinem Leben, was habe ich zu lernen? Oder ganz anders: Was bin ich mir selbst wert? bzw.: Bin ich mir selbst auch etwas wert? In dem Maße, wie die Antworten auf solche Fragen klarer und positiver werden, steigt das Selbst*wert*gefühl: Ich *weiß*, daß ich mir auch selbst etwas wert bin; ich weiß, wofür ich eintreten möchte und wofür nicht (vgl. auch die Fragen im Übungsteil des 5. Kapitels), auch wenn ich inzwischen realistischer geworden bin bezüglich der Erreichbarkeit meiner Ziele. Aber ich will bewußter leben, mein eigenes Leben ist auch etwas wert, ich will es so leben, daß es *lebenswert* ist.

Der dritte Wortteil schließlich weist auf das *Gefühl* für den Selbstwert. Gefühl läßt sich nicht einfach rational über Einsichten steuern, es ist nicht direkt »produzierbar«. Es entsteht nach und nach, wenn man sich selbst darin gut zuhört und nachgeht, was man wirklich empfindet und sich seine Gefühle auch dann eingesteht, wenn sie unpassend erscheinen. Alleine schon das Entdecken und Benennen dessen, was man selbst fühlt, führt zu einer Steigerung des Selbstwertgefühls, denn man kann besser zu etwas stehen, was man sich eingesteht und klarmacht; man kann dafür aufkommen, man hört auf, seine Gefühle (und damit sich selbst) unter den Teppich zu kehren.

Übrigens braucht man keine Angst zu haben vor einem Zuviel an Selbstwertgefühl, was dann womöglich zu Selbsteingenommenheit und Arroganz führen könnte. Arroganz entsteht nicht durch ein übertriebenes Selbstwertgefühl, sondern im Gegenteil durch Verleugnung der eigenen Gefühle (»da stehe ich drüber«), also gerade nicht durch intensive Wahrnehmung. Daß man von sich selbst eingenommen erscheinen mag, ist ebenfalls eine Frage des richtigen Zuhörens: Wer lernt, sich selbst zuzuhören, wird automatisch auch anderen besser zuhören können, er wird die Gefühle in und hinter seinen / ihren Worten immer besser wahrnehmen. Die respektvolle Wertschätzung der eigenen Person steht nicht im Gegensatz zur Wertschätzung anderer: Man ist nicht dadurch wertvoller bzw. sich selbst etwas wert, weil andere es weniger sind: Dies käme einer (negativen) Wertschätzung von außen gleich, indem man eben nicht den *Selbst*wert meint, sondern den eigenen *Vergleichs*wert taxiert.

Selbst-Wert-Gefühl ist Ausdruck eines ruhigen Bei-sich-Seins. Gerade die Krisenzeit birgt die Chance dazu in sich, zu einem ausgewogenen Selbstwertgefühl zu finden, weil die Krise und der erlittene Verlust bereits zu einer Desillusionierung geführt haben. Man läßt sich dann nicht mehr so schnell etwas vorgaukeln, rennt nicht mehr so einfach den Illusionen nach, die uns tagtäglich angeboten werden. Menschen in der Krise haben bereits eine Enttäuschung erlebt. Eine »Ent-Täuschung« ist im wörtlichen Sinne die Aufhebung einer vorhergehenden Täuschung. Darum weiß man als Mensch in der Krise viel besser als vorher, was wirklich wichtig ist und was nicht.

Auf eigenen Füßen stehen

Hierbei handelt es sich um eine etwas spielerische Übung, die auch zum Austausch in einer Gruppe oder im Freundeskreis geeignet, aber auch alleine sehr leicht durchzuführen ist. Sie soll anschaulich machen, womit Sie jetzt im Leben stehen, was Ihre »Selbst-Ständigkeit« konkret beinhaltet und ausmacht.

Nehmen Sie sich zwei DIN-A-4-Blätter, legen Sie sie auf den Boden, stellen Sie sich darauf und zeichnen Sie darauf mit einem Filzstift die Umrisse ihrer beiden Füße. In den Umriß des linken Fußes schreiben Sie all das, was die Krisensituation und die äußeren Umstände, die dazu führten, *positiv* in Ihnen geweckt und bewirkt haben. Sie haben vielleicht entdeckt, daß Sie das eine oder andere besser ertragen konnten, als Sie dachten, daß Sie stärker waren als angenommen, daß Sie Fähigkeiten haben, von denen Sie vorher kaum etwas ahnten, daß Sie jetzt mehr Freiheit haben usw.

In die Abbildung des rechten Fußes schreiben Sie hinein, welche Kräfte, Fähigkeiten, Eigenschaften es Ihnen ermöglichen, weiterzugehen und weiterzuleben. Zum Beispiel das Bewußtsein, daß Sie auch alleine weiterkommen; das Suchen und Bemühen um das, was ehrlich oder wahrhaftig ist; Ihre Zähigkeit, Ihre Geselligkeit, Ihr Humor, Ihr nüchterner Menschenverstand, Ihr gestiegener Selbstwert, Ihre Fähigkeit, neue Kontakte zu knüpfen, Freunde zu gewinnen usw.

Was dann in den Umrissen der beiden Füße steht, ist das, worauf Sie fest stehen und wodurch Sie sich weiterbewegen können.

Vergangenheit

Denken Sie einmal zurück an Ihr Leben, wie es vor dieser Zeit war, als »die Welt noch in Ordnung« war. Betrachten Sie aber die Situationen und die Personen jetzt aus der Perspektive eines Radioreporters oder Zeitungskorrespondenten, der am Rande steht und der diese Situationen und die Personen für einen unbekannten Zuhörer bzw. Leser beschreiben soll. Beschreiben Sie ganz äußerlich, wen und was Sie sehen, und erstellen Sie so eine Reportage oder, falls Sie sich verstärkt auf eine Person darin beziehen möchten, ein Portrait, und zwar so, daß jemand anderes, dem all dies unbekannt ist, es verstehen könnte. Führen Sie dies auch tatsächlich einmal aus, indem Sie auf eine Kassette sprechen oder einen »Zeitungsbericht« schreiben.

Erst wenn das geschehen ist, können Sie in einem zweiten Schritt die geschilderten Situationen und / oder Person(en) charakterisieren. Beziehen Sie ruhig auch sich selbst als »Akteur« in diese Beschreibung ein.

Der dritte Schritt besteht darin, daß Sie das, was Sie »objektiv« beschrieben haben, für sich in ein anderes Licht tauchen und es mit den Augen eines liebevollen Betrachters (Zuhörers), der für alle betroffenen Personen Verständnis hat, erneut sichten. Versuchen Sie, alles einmal gleichsam mit Gottes Augen zu betrachten, in das Innere der Menschen zu schauen und ihre Motivation (auch Ihre eigene) in der Perspektive der Liebe zu sehen.

Am Ende sagen Sie laut bzw. schreiben Sie auf: »Dies ist meine Geschichte. So, wie sie ist, will ich sie auf mich nehmen.«

Verwandlung

Zum Nachdenken ein Text von Rainer Maria Rilke[14]:

*Wäre es uns möglich, weiter zu sehen, als unser Wissen reicht
... vielleicht würden wir dann unsere Traurigkeiten mit grö-
ßerem Vertrauen ertragen als unsere Freuden. Denn sie sind
die Augenblicke, da etwas Neues in uns eingetreten ist, etwas
Unbekanntes; unsere Gefühle verstummen in scheuer Befan-
genheit, alles in uns tritt zurück, es entsteht eine Stille, und das
Neue, das niemand kennt, steht mitten darin und schweigt.
Wir haben uns verwandelt, wie ein Haus sich verwandelt, in
welches ein Gast eingetreten ist. Wir können nicht sagen, wer
gekommen ist, wir werden es vielleicht nie wissen, aber es
sprechen viele Anzeichen dafür, daß die Zukunft in solcher
Weise in uns eintritt, um sich in uns zu verwandeln, lange bevor sie geschieht. Und darum ist es so wichtig, einsam und
aufmerksam zu sein, wenn man traurig ist: weil der scheinbar
ereignislose und starre Augenblick, da unsere Zukunft uns be-
tritt, dem Leben so viel näher steht, als jener andere laute und
zufällige Zeitpunkt, da sie uns, wie von außen her, geschieht.
Je stiller, geduldiger und offener wir als Traurige sind, um so
tiefer und um so unbeirrter geht das Neue in uns ein, um so
besser erwerben wir es, um so mehr wird es unser Schicksal
sein, und wir werden uns ihm, wenn es eines späteren Tages
»geschieht« (das heißt: aus uns heraus zu dem anderen tritt),
im Innersten verwandt und nahe fühlen. Und das ist nötig.*

9. *Meinen* Weg gehen

Und jedem Anfang wohnt ein Zauber inne,
der uns beschützt und der uns hilft zu leben.
(Hermann Hesse)

Die Krise ist nie »vorbei«, sie hat keinen erkennbaren Schluß-
punkt. Man kann lediglich von der »Aufhebung«[15] und Integration dessen sprechen, was in ihr losgeschlagen wurde. Dies
ist jedoch etwas, was im täglichen Leben immer und immer
wieder geschehen muß. Spiralenförmig kehren dieselben
Themen in immer wieder neuen Varianten zurück und verlangen danach, verarbeitet und integriert zu werden. Aber die
Schwerpunkte verlagern sich, es gibt auf längere Sicht eine
positive Weiterentwicklung, die im Grunde darin besteht,
daß man sich selbst und dem, was man wesentlich ist und
sein will oder soll, d. h. dem eigenen Lebensauftrag, näher
kommt. Man ist mehr »bei sich« und darin näher an der eigenen Bestimmung, näher bei Gott. Irgendwann spürt man
rückblickend: Die Nacht ist vorbei!
Wer aber einmal eine solche Lebenskrise, wie sie hier in den
vorangegangenen Kapiteln beschrieben wurde, durchlebt hat,
der weiß, daß er fortan »lebenslänglich« an sich arbeiten muß,
daß er immer wieder an wichtigen Lebensabschnitten auf dieselben krisenhaften Punkte trifft und daß er nur durch
Übung eine gewisse Festigkeit darin erreichen kann. Dies
mag vielleicht zunächst etwas negativ oder gar bedrohlich
klingen, aber es ist wie bei einem Langläufer, der ohne weiteres einige Stunden an einem Stück laufen kann, der aber wie
jeder Anfänger auch auf den ersten Kilometern seinen
Rhythmus finden muß, der über den Punkt hinwegkommen
muß, der einen anfangs zum Aufgeben drängt, weil man
meint, daß die Kraft nicht ausreicht, daß man gerade nicht in
Form ist usw. Für den geübten Langstreckenläufer ist dies auf

Dauer nicht mehr als eine Vorphase, ein »warming-up«, bei dem das Eigentliche erst nachher kommt – aber auch er muß jedesmal den *ganzen* Weg zurücklegen und auch die Anfangsphasen auf sich nehmen, die jedoch nach einiger Zeit so gut wie gar nicht mehr ins Gewicht fallen – sie »gehören einfach dazu«.

Das eigene Leben »nach« der Krise wird nie wieder einfach und leicht »wie früher« (was nicht heißt, daß es früher tatsächlich immer einfach und leicht war); man ist reifer, »schwerer« geworden, hat zugenommen an Lebenserfahrung, hat Wunden zugefügt bekommen, die zwar zugewachsen und verheilt sind, aber es sind auch Narben zurückgeblieben, die ab und zu schmerzen. Das wird sich nicht mehr ändern, man hat ein Stück eigene Geschichte gelebt, unrevidierbar. Aber es hat auch etwas Neues angefangen, eine neue Lebensphase – manche sprechen regelrecht von einem »neuen Leben« –, worin das »vorherige« Leben integriert, aufgenommen ist und – anders – weitergeführt wird.

Ich möchte in diesem abschließenden Kapitel ein paar Elemente dieses Neubeginns aufzeichnen. Der Ansatz dafür liegt da, wo man das »abholt«, was liegengeblieben ist, d. h. bei der Integration dessen, was man hinter sich gelassen hatte.

Der Rückweg

Als Kind habe ich viel mit Legosteinen gespielt. Ich baute Häuser, Garagen, Figuren und vieles mehr. Jedesmal, wenn ich etwas Neues zusammenbaute, mußte ich erst das Alte abreißen, um dann mit denselben Steinen – ergänzt um einige andere – die neue Konstruktion zu bauen. In der Krise geschieht etwas Ähnliches: In dem, was man als »neues Leben« erfährt, sind sehr viele »alte« Elemente enthalten: Charakterzüge, Gewohnheiten, Neigungen, aber auch äußere Bestimmungen wie Wohnung oder Arbeitsplatz oder Freundeskreis usw. Das neue Haus, auch wenn es womöglich völlig anders aussieht, ist in diesem Sinne zu einem großen Teil aus den »alten« Steinen gebaut, die natürlich einen ganz anderen Platz bekommen haben als vorher und die in einem anderen Zusammenhang auch anders zur Geltung kommen. Ich muß mich selbst, so wie ich vor dieser Krisenzeit war, den »alten Menschen« aufnehmen und neu integrieren.

Etwas anders, aber im Endeffekt sehr ähnlich, geht es in der Geschichte von Elija zu, die ich zu Beginn des siebten Kapitels erzählt habe. Elija muß erst aus seinem selbstgewählten Exil in der Wüste und später in der Höhle wieder zum Ausgangspunkt des Geschehens zurückkehren, dorthin, wo er »ausgestiegen« ist, wo ihn etwas weggetrieben hat. Genau das geschieht auch in der inneren Entwicklung: Erst ist man durch ein – wie auch immer geartetes – dramatisches Ereignis aus dem vertrauten Kontext hinauskatapultiert worden bzw. man ist selbst ausgestiegen, oft regelrecht geflohen. Man hat in der Not irgendwie überlebt, hat festgestellt: »Ich *kann*, ich *soll*, ich *darf* (wieder) leben«, man hat gesehen und erfahren, daß das eigene Leben weitergeht, daß es noch Möglichkeiten und Chancen gibt – und dann muß man noch einmal zurück, um da den Faden wieder aufzugreifen, wo man ihn vor dieser Zeit liegengelassen hatte. Daß dies so ist, liegt darin begründet, daß man sich selbst und seinen bisherigen Werdegang nicht einfach verleugnen kann, denn dies ist – gewollt oder nicht – ein integraler Bestandteil des eigenen Lebens, der sich nicht einfach verleugnen oder »ausradieren« läßt. Selbst wenn man mit Gewalt versucht, diese eigene Geschichte zu verdrängen und zu verleugnen, wird man feststellen, daß sie immer wiederkehrt, einen nie in Ruhe läßt, solange bis man sie aufgegriffen und integriert hat. Anders gesagt: Ich bin in der Krise nach und nach ein anderer Mensch geworden, aber ich bin *auch* der Mensch, der ich früher war. Ich muß ja sagen zu dem, was war, ohne daß es für die Zukunft bestimmend wäre, denn ich gehe mit dem, was ich habe, was ich war und was ich bin, neue Wege. Ich habe mich losgemacht aus dem, was vorher war, und kann jetzt frei zu dem Ort zurückkehren, den ich zuvor verlassen habe, kann in Ruhe sehen, wie ich damals war, was wozu geführt hat, und kann sagen: »Ja, das alles gehört zu mir, es ist *meine* Vergangenheit, ich stehe dazu und nehme sie auf mich.«

Ähnliches gilt im Bereich der Beziehungen. Wenn zwei Menschen miteinander verbunden sind, dann kann man sich diese Verbindung bildlich vorstellen mit ganz vielen Strängen, die zwischen diesen beiden Menschen verlaufen. Wenn nun diese Verbindung gekappt wird, dann wehen all diese Stränge gleichsam lose im Wind, und man muß sie wieder einholen, aufrollen, um sich zu gegebener Zeit durch sie mit anderen Menschen verbinden zu können. Es ist ungeheuer wichtig, diese Phase des »Einholens«, des neuen Einordnens nicht zu überschlagen, d. h. sich seine Kräfte wieder »hereinzuholen«, *bevor* man sich damit nach außen kehrt. Es hat keinen Sinn, sich in eine neue Beziehung vergleichbarer Tiefe zu begeben, wenn dies nicht vorher geschehen ist. Deshalb ist nach meiner Erfahrung auch nach einer Trennung eine angemessene Zeit der Trauer, des »Einholens« unabdingbar.

Schritt für Schritt, Stufe für Stufe

Es mag recht banal klingen, aber die Erfahrung zeigt, daß jetzt vor allem eines gefragt ist: Geduld. Geduld mit neuen Ideen, Plänen, Initiativen, Geduld vor allem mit sich selbst. Es hat wenig Sinn, plötzlich mit voller Kraft loszulegen, aus dem Gefühl heraus, daß der Weg jetzt (endlich!) frei ist, daß man es einigermaßen mit sich und der Welt aushalten kann. Die Energien sind dann schnell aufgebraucht, Müdigkeit stellt sich ein oder gar ein Gefühl, das sagt: »Du schaffst es ja doch nicht!«

Wichtig ist jetzt, mehr und mehr frei zu werden, offen zu sein, ohne gleich ein klares Ziel vor Augen zu haben. »Sich öffnen«, »zu-lassen«, »nahe sein« – das sind Worte, die jetzt Orientierung bieten, nicht auf die Vergangenheit gerichtet, sondern ganz und gar auf die Gegenwart: neugierig wie ein

Kind auf das, was gerade im Moment geschieht; sich selbst und allem nahe, was jetzt da ist. Denn das, was von der Entwicklung her ansteht, ist etwas, was Sie bislang noch nicht selbst bedacht haben, es ist wirklich neu – und Sie selbst haben sich verändert, sind nach und nach ein »neuer« Mensch geworden.

Betrachten Sie sich doch einmal aus einem gewissen Abstand heraus: Sie sind anders als vorher, gehen anders mit Dingen um, gehen anders auf Menschen ein – auch wenn Sie es vielleicht noch gar nicht so recht wahrhaben können. Wenn Sie sich selbst so betrachten, ist es gar nicht dumm oder eitel, einmal laut oder still für sich zu sagen: »Ja, ich gefalle mir eigentlich so, wie ich jetzt bin.« Das gibt eine gewisse innere Ruhe, es fördert die Geduld, denn Sie wollen und sollen auf neuen Wegen gehen, eben da, wo Sie sich noch nicht so genau auskennen. Auch wenn Ihnen bekannte Dinge begegnen, reagieren Sie inzwischen etwas anders darauf. Natürlich ist nicht plötzlich alles neu, aber wenn Sie einmal auf die vergangene Zeit – es sind vielleicht ein, zwei oder fünf Jahre – zurückschauen, dann werden Sie erkennen, daß nichts mehr ist wie vorher. Hermann Hesse spricht vom »Zauber«, der in jedem Anfang steckt – genießen Sie diesen Zauber, ohne gleich etwas zu »müssen«! Viel wichtiger ist es, mehr und mehr frei zu werden für die Dinge, die in der Gegenwart da sind und die auf Sie zukommen – so die wörtliche Bedeutung des Wortes »Zu-kunft«. Sie werden merken: es geht! Sie können neu und anders leben als noch vor einiger Zeit.

Aber es gibt womöglich auch Momente, wo Sie erschrocken feststellen, daß es sehr schwierig ist, »neu« zu leben, oder daß Ihre Energie ziemlich schnell erschöpft ist. Das innere Gleichgewicht ist noch sehr unbeständig. Das ist an sich nicht weiter beunruhigend, es erfordert nur, daß Sie an sich selber, an den Wert Ihres Lebens glauben. Sie werden feststellen, daß Sie innerlich wieder etwas mehr Raum haben, um neue Dinge zuzulassen, anderen Menschen wirklich nahe zu sein, daß Sie offener zuhören können. Sie sind auf einer neuen Lebens-

stufe angekommen, und auch wenn Sie ab und zu mal wieder
auf die vorherige Stufe oder noch weiter zurückfallen: der
Weg dorthin, wohin Sie einmal gelangt sind, ist Ihnen bekannt, für immer. Sie haben gesehen und erfahren es immer
wieder neu: Es geht! Ich kann leben! Ich bin bei mir, auf *meinem* Weg!

An das Ende dieses Buches möchte ich Hesses Gedicht
»Stufen«[16] stellen, weil in ihm der »Fort-schritt« und die ständige Offenheit, das »abschiedliche Leben« zum Ausdruck
kommt, wie es im Vollzug der hier beschriebenen Entwicklung erfahrbar geworden ist:

*Wie jede Blüte welkt und jede Jugend
dem Alter weicht, blüht jede Lebensstufe,
blüht jede Weisheit auch und jede Tugend
zu ihrer Zeit und darf nicht ewig dauern.
Es muß das Herz bei jedem Lebensrufe
bereit zum Abschied sein und Neubeginne,
um sich in Tapferkeit und ohne Trauern
in andere, neue Bindungen zu geben.
Und jedem Anfang wohnt ein Zauber inne,
der uns beschützt und der uns hilft zu leben.
Wir sollen heiter Raum um Raum durchschreiten,
an keinem wie an einer Heimat hängen,
der Weltgeist will nicht fesseln uns und engen,
er will uns Stuf' um Stufe heben, weiten.
Kaum sind wir heimisch einem Lebenskreise
und traulich eingewohnt, so droht Erschlaffen,
nur wer bereit zu Aufbruch ist und Reise,
mag lähmender Gewöhnung sich entraffen.
Es wird vielleicht auch noch die Todesstunde
uns neuen Räumen jung entgegensenden,
des Lebens Ruf an uns wird niemals enden ...
Wohlan denn, Herz, nimm Abschied und gesunde!*

Anmerkungen

1 So der Titel meines Buches zur Trauerbegleitung, Würzburg 1999.

2 Dazu mehr im 4. Kapitel. Vgl. auch J. Jülicher, Es wird alles wieder gut, aber nie mehr wie vorher, Würzburg 1999, S. 53–56.

3 Michael Schibilsky, Trauerwege. Beratung für helfende Berufe, Düsseldorf [4] 1994, S. 126.

4 Martin Klumpp, Wie Leben sich erneuern kann. In: Lis Bickl/Dorothee Tausch-Flammer, Spiritualität der Sterbebegleitung, Freiburg 1997, S. 156.

5 Michael Ende, Momo, © 1973 by K. Thienemanns Verlag, Stuttgart–Wien, S. 36 f.

6 Ein Wort des Theologen Johann Baptist Metz.

7 Roland Kachler, Wege aus der Wüste. Mit Elia Krisen durchleben, Stuttgart 1993, S. 76.

8 Auf das Selbstwertgefühl komme ich im achten Kapitel noch gesondert zurück.

9 Vgl. dazu den Artikel »Wendepunkte« von Heiko Ernst in Psychologie Heute, Jg. 24, Nr. 10–1997.

10 Der Text ist (in Auszügen) im nächsten Kapitel Thema einer Textmeditation.

11 Aus einem Lied der Communauté de Taizé.

12 Es ist die Geschichte von Elija, beschrieben im 1. Buch der Könige, 19. Kapitel.

13 Dag Hammarskjöld, Zeichen am Weg, 1925–1930, München/Zürich 1965 ff.

14 Aus: Lektüre für Minuten. Gedanken aus seinen Büchern und Briefen. Hrsg. von Ursula und Volker Michels, Frankfurt a. M. [12] 1996.

15 Vgl. die Erklärung des dialektischen Prinzips der »Aufhebung« in der Einführung zu diesem Buch.

16 Hermann Hesse, »Gesammelte Dichtungen« © Suhrkamp Verlag, Frankfurt am Main 1952.

Die Bibeltexte sind der Einheitsübersetzung der Heiligen Schrift, 1980, © 1995 Katholische Bibelanstalt, Stuttgart, entnommen.